TOPOGRAPHIA AUSTRIACA

Herausgegeben von Ingo Nebehay und Robert Wagner

Band 1

Das Kaiserthum Oesterreich in malerischen Originalansichten

AKADEMISCHE DRUCK- u. VERLAGSANSTALT
GRAZ - AUSTRIA
1985

Das
Kaiserthum Oesterreich

in malerischen Originalansichten

seiner reizendsten Landschaften und großartigsten Naturschönheiten
seiner bedeutendsten Städte und ausgezeichnetsten Bauwerke

in

photographisch treu ausgeführten Stahlstichen.

von

Dr. Anton von Ruthner.

Die Verkaufsauflage dieser Ausgabe ist auf
980 numerierte Exemplare limitiert.
880 Exemplare (1–880) in Leinen und
100 Exemplare (I–C) in Leder

Gesamtherstellung
© Akademische Druck- u. Verlagsanstalt, Graz 1985

Printed in Austria
ISBN 3-201-01291-2 Leinen
ISBN 3-201-01292-0 Leder

Dieses Exemplar trägt die Nummer

INHALTSVERZEICHNIS

Vorwort 7
Ruthners „Kaiserthum Oesterreich" 8
  Der Landschaftsstahlstich 9
  Die Zeichner und Stahlstecher in Ruthners „Kaiserthum Oesterreich".. 13
  Topographische Beschreibung der Stahlstiche 19
    I. Die k.u.k. Haupt- und Residenzstadt Wien 19
    II. Das Erzherzogtum Österreich unter der Enns (Niederösterreich) . 24
    III. Das Erzherzogtum Österreich ob der Enns (Oberösterreich) ... 26
    IV. Das Herzogtum Salzburg 28
    V. Die Gefürstete Grafschaft Tirol 29
    VI. Das Herzogtum Kärnten 33
    VII. Das Herzogtum Steiermark 35
    VIII. Das Herzogtum Krain 35
    IX. Stadt und Gebiet Triest 35
    X. Das Königreich Böhmen 36
    XI. Die Markgrafschaft Mähren 37
    XII. Das Königreich Ungarn 38

VORWORT

Mit der „Bibliographie altösterreichischer Ansichtenwerke" haben sich der Antiquar Ingo Nebehay und der Bibliothekar Robert Wagner die Aufgabe gestellt, die große Zahl gedruckter topographischer Ansichten zur österreichisch-ungarischen Monarchie möglichst vollständig zusammenzustellen. Es wurde ein fünfbändiges Werk mit 1000 Ansichtenserien und 30.000 Ansichten daraus. Dabei war ein wesentliches Anliegen der beiden Autoren, die vielen Stiche und Lithographien, die heute als Einzelblätter in graphischen Sammlungen oder landeskundlichen Museen aufliegen oder die als Wandschmuck in vielen Wohnungen aufgehängt sind, wieder in ihren ursächlichen Zusammenhang als Buchillustration oder Teil eines Graphikalbums zu bringen. Das war nicht immer leicht. Zu viele Ansichtenwerke sind in den letzten hundert Jahren aus kommerziellen Gründen oder aus falsch verstandenem Ordnungssinn zerlegt worden. Mit der Bibliographie ergab sich bald auch der Wunsch, an Stelle endloser Listen, das wirkliche Bild in guter Reproduktion vergleichen zu können. Diesem Anliegen versucht die Serie „Topographia Austriaca" nachzukommen. Ergänzend zur Bibliographie sollen markante Beispiele altösterreichischer Ansichtenwerke als Neudruck erscheinen.

Die zwischen 1820 und 1875 erschienenen Landschaftsstahlstiche sind seit fast hundert Jahren das beliebteste Opfer, das in vielen Wohnungen als Wandschmuck dient und als Einzelblätter in allen orts- und heimatkundlichen Sammlungen anzutreffen ist. Orte und Landschaften werden im Stahlstich mit exakter Genauigkeit und doch einem gewissen romantischen Flair wiedergegeben. Dabei wird der Romantik mit nachträglich hinzugefügten Kolorierungen noch ein bißchen nachgeholfen. So sind vollständige Stahlstichwerke heute, trotz ihrer hohen Auflagen, selten geworden.

Mit Anton von Ruthners „Kaiserthum Oesterreich" wurde als erster Band der „Topographia Austriaca" ein Stahlstichwerk ausgesucht, das besonders häufig vereinzelt worden ist. Als vollständiges Werk betrachtet, gibt es aber ein hervorragendes Abbild der ganzen Monarchie in den Gründerzeitjahren, mit den Wiener Ringstraßenbauten, der Weltausstellung von 1873, der aufstrebenden ungarischen Hauptstadt, den Kurorten und Sommerfrischen, aber auch dem Einfluß, der von Wien und Budapest aus, in Wirtschaft und Verwaltung bis in die fernsten Provinzen genommen worden ist. Viele dieser Orte sind für uns heute unbekannter als Amerika oder Indien, während sie von unseren Großeltern noch als Teil der eigenen Heimat angesehen wurden.

Ruthners „KAISERTHUM OESTERREICH"

Anton von Ruthners „Kaiserthum Oesterreich" erschien in dem für seine zahlreichen Stahlstichwerke bekannten Darmstädter Kunstverlag, den Gustav Georg Lange (1812–1859) begründet und Ferdinand Lange fortgeführt hatte. Mit den 1837–1864 in 17 Bänden und mehr als tausend Stahlstichen erschienenen „Original-Ansichten der historisch merkwürdigsten Städte in Deutschland" hatte sich der Verlag bereits einen ausgezeichneten Ruf geschaffen. Viele andere Stahlstichwerke folgten in den nächsten Jahren. Auch über die österreichisch-ungarische Monarchie brachte der Verlag etliche Werke heraus, vor allem 1842 Carl August Schimmers „Kaiserthum Oesterreich in seinen merkwürdigsten Städten, Badeorten, seinen Domen, Kirchen und sonstigen ausgezeichneten Baudenkmälern alter und neuer Zeit" und 1857–1864 Johann Hunfalvys „Ungarn und Siebenbürgen in malerischen Original-Ansichten ihrer interessantesten Gegenden..." mit den Stahlstichen nach Ludwig Rohbock. Ruthners „Kaiserthum Oesterreich", das anläßlich der Wiener Weltausstellung von 1873 gedruckt wurde, war das letzte der großen Stahlstichwerke über die Monarchie und vielleicht auch das letzte Stahlstichwerk, das der Verlag Lange überhaupt herausgab. Die große Zeit des Stahlstichs war vorbei. Neue Reproduktionsverfahren waren an seine Stelle getreten. Ursprünglich hätte Ruthners „Kaiserthum Oesterreich" nur die cisleithanische Hälfte des Kaiserreiches umfassen sollen und wäre bis zur Weltausstellung 1873 auch abgeschlossen gewesen. Auf Wunsch der Abonnenten, die das Werk in Einzellieferungen bezogen, wurde es durch die Wiener Verlagsbuchhandlung Moritz Perles, die den Vertrieb in der Monarchie besorgte, fortgesetzt und auch auf Ungarn ausgedehnt. Die vollständigen Verlagsrechte gingen ab 1876 allein an Perles, der das Werk in rascher Folge bis 1878 herausgab. Wie schon vorher bemerkt, erschien Ruthners „Kaiserthum" zur leichteren Finanzierbarkeit in einzelnen Lieferungen an feste Abonnenten. Die Einbanddecken wurden durch den Verlag erst nachträglich geliefert. Vollständig enthielt das „Kaiserthum Oesterreich" 212 Stahlstiche und 1082 Seiten Text.

Der landeskundliche Text des Geographen und Alpinisten Anton Edler von Ruthner (1817–1897) steht merkwürdigerweise in keinem unmittelbaren Zusammenhang mit den Stahlstichen. So interessant Ruthners Arbeit ist, hätte sie auch völlig ohne Tafeln erscheinen können, und tatsächlich kamen die Stahlstiche ein paar Jahre später auch ohne Ruthners Text heraus. Ein Teil der Stahlstiche fand bereits früher in den „Originalansichten der historisch merkwürdigsten Städte in Deutschland", in Schimmers „Kaiserthum Oesterreich" oder in Hunfalvys „Ungarn und Siebenbürgen" Verwendung – die Stahlstichplatten ließen sehr hohe Auflagen zu –, ein anderer Teil wieder wurden für

Ruthners „Kaiserthum Oesterreich" eigens gestochen, wie die Ansichten der Ringstraßenbauten und der Weltausstellung. Bei der ersten Auflage des Werkes wurden die Stahlstiche auf Chinapapier gedruckt und auf Karton aufgewalzt. Noch während der Weltausstellung 1873 kam es zur zweiten Auflage, wo die Stiche bereits ohne Chinapapier direkt auf den Karton gedruckt worden sind. Ohne Ruthners Text erschienen die Stahlstiche 1888 in Fr. Honsack's Verlangsanstalt in Frankfurt am Main und 1895 bei C. Neuland. Diese Ausgaben waren gebunden oder in Mappen erhältlich und enthielten 200 Stahlstiche. Die Stahlstichplatten hatten aber in der Schärfe der Abdrucke schon schwer gelitten. Anläßlich der Weltausstellung 1873 gab der Verlag Perles noch ein weiteres Stahlstichwerk heraus, die „Kaiserstadt am Donaustrand" von A. Silberstein, zu der auch die Stahlstiche aus dem Ruthner Verwendung fanden.

In der weiteren Beschreibung von Ruthners „Kaiserthum Oesterreich" sollen die Künstler der Stiche in Kurzbiographien behandelt und die einzelnen Tafeln topographisch erläutert werden. Doch erscheint es sinnvoll, vorher noch einen kurzen Blick auf die Entwicklung des Landschaftsstahlstiches von seinen Anfängen um 1820 bis zu seinem Ende, an dem Ruthners „Kaiserthum" einzuordnen ist, zu werfen.

Der Landschaftsstahlstich

Unter den graphischen Künsten ist der Stahlstich heute so gut wie vergessen. Nur noch bei Banknoten und Briefmarken und gelegentlich in der Gebrauchsgraphik kommt er vor. Von Künstlern wird der Stahl wegen seiner Härte und Sprödigkeit nicht mehr benutzt und als Reproduktionstechnik gibt es seit der Photographie und Chemigraphie längst andere und leichtere Möglichkeiten. Im 19. Jahrhundert erlebte der Stahlstich eine Blütezeit, in der seine Leistungen zu den besten der graphischen Künste zählten. Auch wenn der Stahlstich zumeist eine Kunst aus zweiter Hand war, eine nachschaffende Kunst, so waren eine große Zahl der Stahlstecher nicht nur erstklassige Handwerker, sondern auch hervorragende Künstler. Zahllose Gemälde und Zeichnungen konnten den Zeitgenossen durch Stahlstiche nahegebracht werden, zu einer Zeit als es noch keine Photographie und keine photomechanische Reproduktion gab. Der unbestreitbare Höhepunkt dieser Kunst ist aber sicher der englische und in seiner Nachfolge der deutsche Landschaftsstahlstich.

Durch die verhältnismäßig rasche Abnützung der Kupferplatten hat man immer wieder nach haltbareren Mitteln gesucht. Der Engländer Charles Heath (1785–1848) erfand um 1820 eine Möglichkeit, den weitaus härteren

Stahl zu gravieren. Wahrscheinlich wurde das Verfahren schon vorher im Banknotendruck in Amerika verwendet, doch als Buchillustration und Reproduktionstechnik wurde der Stahlstich erst durch Heath eingeführt. Für die Herstellung von Stahlstichen gibt es keine spezielle Technik. Auf der Stahlplatte sind die gleichen Verfahren möglich wie auf der Kupferplatte. Zumeist wird ähnlich wie beim Kupferstich direkt auf die Stahlplatte gearbeitet. Es ist aber auch die Radierung, die Aquatinta oder der Punktierstich möglich. Eine dünne Stahlplatte wird durch Ausglühen weich gemacht und nach der Bearbeitung wieder gehärtet. Im Gegensatz zum weichen Kupfer können mit der harten Stahlplatte Auflagen von mehreren tausend Exemplaren erreicht werden. Durch die Stahlplatte war der Stecher geradezu gezwungen, viel zartere und engere Linien als im Kupfer zu ziehen. So eignet sich dieses Verfahren besonders gut zu feinsten Darstellungen. Die Feinheit der parallelen Linien ergibt dabei für das Auge geradezu flächige Tonwirkungen. Somit war der Stahlstich hervorragend geeignet, Gemälde durch ein eigenes schwarzweißes Liniengefüge wiederzugeben. Ein weiteres Gebiet mit künstlerisch oft virtuosen Leistungen ist die Wiedergabe stimmungsvoller Landschaften.

Um den englischen Landschaftsstich hatte sich bereits der vielseitige Zeichner, Schriftsteller, Verleger und Antiquar John Britton (1771–1857) in London verdient gemacht. In seinen „Fine Arts of the English School" wurde geradezu eine Schule von Landschaftsstechern herangebildet, die nach 1820 alle bald auf den Stahlstich übergingen. Zu nennen sind hier John Le Keux (1783–1846), John Pye (1782–1847), die Brüder William Finden (1787–1852) und Edward Finden (1791–1857), zu denen eine Generation später die Namen Joseph Clayton Bentley (1809–1851), John James Hinschliff (†1875), Edward Goodall (1795–1870), Robert Brandard (1805–1862), Robert Sands (1792–1855), Francis William Topham (1808–1877), Arthur Willmore (1814–1888) und vor allem Henry Winkles. Aus diesen Stahlstechern griff der Maler J. M. William Turner die besten heraus und ließ sie nach seinen Ölgemälden, Aquarellen und Sepiazeichnungen arbeiten. Die Anforderungen, die dieser erste „Impressionist" mit seiner Kunst des Lichtes an die Stecher stellte, waren ungeheuer. Es erklärt aber auch die Vollkommenheit des englischen Landschaftsstahlstichs. Ähnlich wie schon vorher Peter Paul Rubens eine Reihe von Kupferstechern und später Adolph Menzel die Holzschneider zu immer größeren Leistungen anspornte, so ist auch die hervorragende Qualität des englischen Landschaftsstiches ohne die unermüdliche Erziehungsarbeit Turners undenkbar. Im englischen Landschaftsstahlstich wird eine Meisterschaft erreicht, die weit über eine bloße Reproduktionstechnik hinausgeht. Das findet auch seinen Niederschlag in zahlreichen Reisewerken, die von ambitionierten englischen Verlegern und mit starker Unterstützung eines interessierten Publikums auf höchstem Niveau herausgegeben worden sind. Zumeist wurden begabte Landschaftsmaler auf Reisen geschickt, die von ihren Wanderungen und Fahrten die schönsten Motive aus aller Welt nach England brachten, wo ein Stab von Stahlstechern, die Platten für den Druck auszuarbeiten hatte. Die bekanntesten dieser reisenden englischen Landschaftsmaler waren Thomas Allom (1804–1872) und William Henry Bartlett (1809–1854).

In anderen Ländern, vor allem in Deutschland, fragte man sich, wie es technisch möglich war, die unvorstellbar zarten Töne und gleichmäßigen Schraffurlagen mit der Hand hervorzubringen. Der Karlsruher Stecher Carl Ludwig Frommel (1789–1863) bereiste England und brachte gemeinsam mit dem Engländer Henry Winkles den Stahlstich nach Deutschland. Zusammen eröffneten sie das erste deutsche Stahlstichatelier in Karlsruhe.

Das erste große verlegerische Unternehmen in Deutschland, das sich den Stahlstich zunutze machte, war „Das malerische und romantische Deutschland", das der Leipziger Verlag Georg Wigand 1836–1841 in 10 Bänden mit 389 Stahlstichen herausgab. Für die zeichnerischen Vorlagen konnte Wigand Adrian Ludwig Richter, Louis Mayer, Bernhard Peters, Johann Heinrich Sander, Theodor Verhas sowie Jakob und Rudolf Alt gewinnen. Neben englischen Stechern, vor allem Henry Winkles, scheinen aber auch schon verschiedene deutsche Stahlstecher auf.

Etwa zur gleichen Zeit begann ein weiterer deutscher Verleger, der Darmstädter Gustav Georg Lange (1812–1859), mit der Herausgabe großer Stahlstichwerke. 1837–1864 erschienen die „Original-Ansichten der merkwürdigsten Städte in Deutschland" mit mehr als tausend Stahlstichen in 17 Bänden. Mitherausgeber und Mitarbeiter dieses riesigen Werkes waren seine Brüder, der Landschaftsmaler Julius Lange (1817–1878) und der Architekt und Zeichner Ludwig Lange (1808–1868). Im Gegensatz zum „Malerischen und romantischen Deutschland", wo man noch versuchte, dem englischen Landschaftsstahlstich nachzueifern, wurde bei Lange auf die romantische Staffage häufig verzichtet. Dafür wurde auf besonders gewissenhafte Genauigkeit Wert gelegt.

1833–1864 gab Joseph Meyer sein bekanntes „Universum" mit insgesamt 1238 Stahlstichen heraus. Es erschien in kleinen, in sich abgeschlossenen Lieferungen, die später zu Bänden zusammengefaßt werden konnten. Die Stahlstiche waren zumeist ohne Künstlersignaturen, nur mit der Verlagsadresse „Bibliographisches Institut Hildburghausen" versehen und zeigen bemerkenswerte Plätze aus der ganzen Welt. Sie sind gut gezeichnet und sauber gestochen und wurden von Xylographen und Lithographen noch bis zum Ende des Jahrhunderts nachkopiert. Joseph Meyer hat die Beschreibungen der Stahlstiche aber auch als geschickte revolutionäre Streitschrift benutzt. Gut getarnt und kaum sichtbar für den Zensor wurde auf politische Mißwirtschaft und die Folgen der beginnenden Industrialisierung hingewiesen. Meyers Universum fand weite Verbreitung und wurde unter Verwendung der Stahlstichtafeln in verschiedene Sprachen übersetzt. Die Stiche fanden auch in „Meyer's Lexikon" Verwendung.

Ein anderes „Universum" gab Albert Henry Payne (1812–1902) heraus. In England geboren, hatte er dort den Stahlstich erlernt, ging 1838 nach Deutschland und machte in Leipzig und Dresden einen eigenen Verlag auf. Seine Städteansichten sind trotz ihrer architektonischen Genauigkeit mit reicher Staffage belebt. Daneben war Payne bekannt für seine Stahlstichwiedergaben von Gemälden der Dresdner Galerie und anderer Museen. Später setzte sich Payne auch mit dem Holzstich auseinander.

Österreich war schon bei den früheren englischen Stahlstichwerken ein beliebtes Thema. Zu nennen ist Captain Charles Battys „German Scenery", das 1823 mit 60 Stahlstichen der berühmtesten englischen Stecher erschien. Mehr als 40 Tafeln beziehen sich dabei auf Österreich. Ein anderes bekanntes Werk ist Thomas Alloms „Views in the Tyrol", das 1833 in London herauskam und in mehreren Sprachen übersetzt wurde. William Beatties „The Danube, its History, Scenery, and Topography" mit Stahlstichen nach William Henry Bartlett (1809–1854) erschien nur wenig später.

Joseph Meyers Verlag des bibliographischen Instituts in Hildburghausen gab 1838–1839 Ludwig Bechsteins „Donau-Reise" mit 100 Stahlstichtafeln heraus. Nach Zeichnungen von Rudolf v. Alt, Thomas Ender und Eduard Gurk erschienen im Verlag C. A. Hartlebens in Pest verschiedene Alben aus allen Gebieten der Monarchie. Der Verlag von Gregor Baldi in Salzburg gab große Stahlstichwerke von Salzburg und dem Salzkammergut heraus. Für Baldi wirkte vor allem Johann Fischbach als Landschaftszeichner.

Nach 1870 ist die große Zeit des Stahlstichs endgültig vorbei. Ruthners „Kaiserthum Oesterreich" steht am Ende dieser Entwicklung. Um diese Zeit gab es bereits neue technische Möglichkeiten, die in kürzester Zeit den Stahlstich völlig verdrängten. Zusammen mit der bereits seit 1839 bekannten Photographie, des 1868 von Joseph Albert entwickelten Lichtdruckverfahrens und der 1882 von Georg Meisenbach erfundenen Autotypie (Netzätzung) mit deren Hilfe Druckstöcke auf photochemischem Weg angefertigt werden konnten, kam es zu grundlegenden Wandlungen der Reproduktionstechnik. Der Stahlstecher, aber bald auch der Holzstecher (Xylograph) wurden vom mechanischen Drucktechniker abgelöst.

Literatur:
Adolf Spemann, Meisterwerke des Landschaftsstahlstichs. Stuttgart 1952.
Peter Babendererde, Dekorative Graphik. Braunschweig 1968. S. 198–203.
Walter Koschatzky, Die Kunst der Graphik. Salzburg 1972. S. 124 f.
Das malerische und romantische Deutschland. Die Veduten des Reise-

werks aus den Jahren 1836–1841. Nachwort von Marianne Bernhard. Dortmund 1979.
Deutsche Städte und Landschaften. Ansichten aus dem alten Deutschland. Vorwort und Bilderklärungen von Fritz Winzer. Dortmund 1983.
Ingo Nebehay und Robert Wagner, Bibliographie altösterr. Ansichtenwerke aus 5 Jahrhunderten. Graz 1981–1984.

Die Zeichner und Stahlstecher in Ruthners „Kaiserthum Oesterreich"

Josef AXMANN
* 1793 in Brünn, † 1873 in Salzburg. Kupfer- und Stahlstecher, Ausbildung an der Akademie der bildenden Küste in Wien, später wirkliches Mitglied der Akademie. Von ihm sind 537 Stiche bekannt (Landschaften, Porträts, Kostümbilder, Vignetten), die wirkliche Zahl der von ihm ausgearbeiteten Blätter war sicher noch höher. Zu Ansichtenwerken und Almanachen wurde er immer wieder herangezogen. Zu den populärsten Arbeiten des Künstlers gehören die Illustration der Werke seines Freundes Adalbert Stifter.

Franz Heinrich BALDINGER
* 1827 in Zurzach, Aargau, † Stuttgart 1887. Architekt. Studierte am Wiener Polytechnischen Institut und arbeitete im Atelier des Dombaumeisters Ernst an der Restauration des Stefansdomes. Seine Spezialität waren architektonische Illustrationen für verschiedene Werke.

Johann Wilhelm BAUMANN
Wirkte um die Mitte des 19. Jahrhunderts in München, vor allem als reproduzierender Kupferstecher und Stahlstecher. Er stach nach Gemälden von Raffael, ter Borch, J. G. Knight u. a., aber auch nach Landschaftszeichnungen.

Thomas ENDER
* 1793 in Wien, † 1875 in Wien. Landschaftsmaler. Ausbildung an der Akademie der bildenden Künste in Wien. Nahm 1817 an der österr. Expedition nach Brasilien teil (mehr als 700 Aquarelle heute im Besitz des Kupferstichkabinetts der Akademie der bildenden Küste), weitere Reisen mit Metternich und Erzherzog Johann (Italien, Paris, Südrußland, Orient), Aufenthalte in Gastein und im Salzkammergut, seit 1836 Akademieprofessor. Viele seiner

Landschaften wurden von englischen und deutschen Künstlern in Stahl gestochen. Ender hat zum Teil auch selbst radiert.

Johann Friedrich FALKNER
* 1828 in Nürnberg, † 1866 in München. Zeichner, Radierer, Kupferstecher und Stahlstecher. Seit 1851 in München tätig. Zahlreiche Landschaftsstiche nach R. v. Alt, J. Ch. Erhard u. a.

A. FESCA
Wirkte um die Mitte des 19. Jahrhunderts in Österreich. Vielbeschäftigter Reproduktionsstecher in Kupfer und Stahl, besonders viele Landschaftsstiche.

F. FOLTZ
Landschaftsstahlstecher, tätig um die Mitte des 19. Jahrhunderts. Von ihm sind Stiche nach R. v. Alt, L. Rohbock und C. Würbs bekannt.

Conrad GREFE
* 1823 in Wien, † 1907 in Tulbing (Niederösterreich). Landschaftsmaler und Radierer. Ausbildung an der Akademie der bildenden Künste in Wien u. a. auch bei Thomas Ender. Von ihm sind zahlreiche Landschaften (Gemälde und Aquarelle) bekannt. Als Radierer veröffentlichte er zusammen mit L. Schön die „Monatshefte landschaftlicher Radierungen". Mitbegründer des Künstlervereins „Eintracht" und des Wiener Künstleralbums. In den Mitteilungen des Altertumsvereins zu Wien sind viele Darstellungen von seiner Hand.

Carl GUNKEL
Landschaftsstahlstecher. Tätig um die Mitte des 19. Jahrhunderts. Von ihm sind Stiche nach L. Rohbock u. a. bekannt.

Franz HABLITSCHEK
* 1824 in Nürnberg, † 1867 in Nürnberg. Kupfer- und Stahlstecher. Schüler von Johann Poppel in München. Er arbeitete viel für buchhändlerische Unternehmungen wie das Bibliographische Institut oder den Triester Lloyd. Zahlreiche Landschaftsstahlstiche.

G. HEISINGER
Tätig um die Mitte des 19. Jahrhunders. Vielbeschäftigter Landschaftsstahlstecher. Stiche nach R. v. Alt, Carl Reichert, L. Rohbock, F. Würthle u. a.

G. HESS
Stahlstecher. Tätig um die Mitte des 19. Jahrhunderts. Stiche nach L. Rohbock sind bekannt.

W. KNOPFMACHER
Stahlstecher. Tätig um die Mitte des 19. Jahrhunderts zumeist gemeinsam mit J. M. Kolb.

Karl Christian KOEHLER
* 1827 in Darmstadt † 1890 in Darmstadt. Landschaftszeichner und Verleger. Neffe des Kunstverlegers Gustav Georg Lange. Für den Verlag seines Onkels richtete er Filialen in New York und London ein. Durch einen anderen Onkel, Julius Lange, angeregt, widmete er sich immer stärker der Aquarellmalerei und zählt hier zu den besten deutschen Künstlern seiner Zeit. Landschaften aus aller Welt, besonders aber aus Sachsen, Thüringen, dem Rheinland und den Salzburger Alpen, erschienen im Verlag Lange als Stahlstiche.

Joseph Maximilian KOLB
Kupfer- und Stahlstecher in München. Wirkte um die Mitte des 19. Jahrhunderts. Tätig in Joh. Poppels Atelier und für den Verlag Lange in Darmstadt. Stiche nach R. Hoefle, L. Rohbock, J. Fischbach u. a., teilweise auch gemeinsam mit W. Knopfmacher.

Georg Michael KURZ
* 1815 in Hersbruck bei Nürnberg, † 1883 in München. Landschaftszeichner, Kupferstecher und Stahlstecher. Mitarbeiter von Joh. Poppel in München an dessen „Galerie europäischer Städte", später dessen Geschäftsteilhaber. Arbeitete u. a. auch für Meyers „Universum" und für den Verlag Lange in Darmstadt. Für Georg Pezolt stach er „Rundschau am Mönchsberg". Nach eigenen Zeichnungen gab er Ansichten aus München heraus. Von ihm gibt es auch Farbstahlstiche nach Ansichten aus den bayrischen Alpen.

W. LANG
Stahlstecher. Tätig um die Mitte des 19. Jahrhunderts. Bekannt sind Stiche nach R. v. Alt, J. Fischbach, F. Würthle und anderen.

Julius LANGE
* 1817 in Darmstadt, † 1878 in München. Bruder des Verlegers Gustav Georg Lange und des Architekten Ludwig Lange.
Landschaftsmaler. Ist bereits in früheren Jahren als Zeichner für die „Original-Ansichten der historisch merkwürdigsten Städte Deutschlands" tätig, die sein Bruder Gustav Georg herausgab. Studierte bei J. W. Schirmer in Düsseldorf, mit dem er die Schweiz bereiste, und bei K. Rottmann in München. Längere Aufenthalte in Tirol und den bayrischen Alpen. 1854–1857 in Oberitalien, wird Ehrenmitglied der Akademie in Mailand und Venedig und besonders von Erzherzog Ferdinand Max (den späteren Kaiser Maximilian

von Mexiko, der damals Generalgouverneur Lombardo-Venetiens war) gefördert. Nach 1858 in München ansässig. Ernennung zum bayrischen Hofmaler.

Ludwig LANGE
* 1808 in Darmstadt, † 1868 in München. Bruder des Verlegers Gustav Georg Lange und des Landschaftsmalers Julius Lange.
Architekt, Landschafts- und Architekturmaler, Schriftsteller. Mitarbeiter an den „Original-Ansichten der historisch merkwürdigsten Städte Deutschlands", die sein Bruder 1837–1864 herausgab. In München Schüler von K. Rottmann, den er auf einer Reise nach Griechenland begleitete. Erfolgreich als Architekt. (Bauten in München, Athen, Moskau, Leipzig, Berchtesgaden, Innsbruck und Hallstatt). Professor der Bauschule an der Münchner Akademie. Daneben Landschafts- und Architekturzeichnungen für verschiedene Stahlstichwerke. Schriftstellerische Tätigkeit.

Josef MÜHLMANN
* 1805 Sand in Taufers (Südtirol), † 1865 München. Maler, später Photograph. Studierte in München unter Cornelius. In Ruthners „Kaiserthum" findet sich ein Stahlstich des Adreas-Hofer-Denkmals in Innsbruck nach einer Photographie von Josef Mühlmann.

F. MÜLLER
Stahlstecher. Tätig um die Mitte des 19. Jahrhunderts. Landschaftsstahlstiche nach Vorlagen von L. Rohbock.

L. OEDER
Stahlstecher. Tätig um die Mitte des 19. Jahrhunderts für den Verlag des Triester Lloyd und für Lange in Darmstadt. Landschaftsstahlstiche nach Vorlagen von R. v. Alt, E. Schweinfurth, L. Rohbock, C. Köhler und C. Würbs.

Christian Joh. Georg PERLBERG
* 1806 in Köln, † 1884 in München. Genre- und Landschaftsmaler in Nürnberg. Studierte an der Münchner Akademie. Reisen nach Griechenland und Italien.

Johann Gabr. Friedrich POPPEL
* 1807 in Hammer bei Nürnberg, † 1882 in Amerland (Starnberger See). Stahl- und Kupferstecher, Architekturzeichner und Landschaftsmaler. Er lernte 1829 bei C. L. Frommel in Karlsruhe das Stahlstechen. Arbeitete 1832 in London bei W. Tombleson. Führte seit 1838 ein eigenes Stahlstichatelier in München und arbeitete mit Lange in Darmstadt, Georg Michael Kurz und anderen zusammen.

J. RICHTER
Stahlstecher. Tätig um die Mitte des 19. Jahrhunderts. Landschaftsstahlstiche nach R. v. Alt, J. Fischbach, L. Rohbock und anderen.

J. RIEGEL
Radierer und Stahlstecher in Kassel. Tätig um die Mitte des 19. Jahrhunderts. Von ihm sind nicht weniger als 1850 Stahlstiche bekannt, die er für Lange in Darmstadt, den Verlag von Lloyd in Triest und andere angefertigt hat. Landschaftsstahlstiche nach R. v. Alt, J. Fischbach, L. Rohbock, A. Wunderoth, C. Würbs und anderen. Er war aber auch selbst als Landschaftszeichner tätig.

Ludwig ROHBOCK
Stahlstecher und Landschaftszeichner für Stahlstiche. Geboren und tätig in Nürnberg um die Mitte des 19. Jahrhunderts. Zeichnerische Vorlagen und Stahlstiche vor allem für Lange in Darmstadt. Johann Hunfalvys „Ungarn und Siebenbürgen", 1857–1864, enthält 202 Stahlstiche nach seinen Zeichnungen. Die Platten aus diesem Werk wurden auch für Ruthners „Kaiserthum Oesterreich" verwendet.

C. ROHRICH
Stahlstecher. Tätig um die Mitte des 19. Jahrhunderts. Führte gemeinsam mit seinem Sohn ein erfolgreiches Stahlstichatelier. Arbeitete vor allem für Lange in Darmstadt. Auf vielen Stahlstichen ist die Namensform „Rorich" ohne „h" angegeben.

Anton ROTTMANN
* 1795 Handschuhsheim, † 1840 Durlach. Maler, Lithograph, Radierer und Stahlstecher. Bruder des berühmten Malers Carl Rottmann. Aquarellierte, lithographierte und stach vorwiegend militärische Szenen.

Franz SEGL
Photograph. Tätig um 1856–1879. Bedeutender Salzburger Atelierphotograph. Bekannt sind u. a. Porträts und Ansichten von Salzburg. Seine Photographien wurden auch für Stahlstiche herangezogen.

Johannes SONNENLEITER
* 1825 in Nürnberg, † 1907 in Wien. Kupfer- und Stahlstecher. Schüler von Carl Meyer und Reindel, 1852–1853 Leiter der Kunstanstalt des Österreichischen Lloyd in Triest, seit 1854 in Wien ansässig, seit 1880 Mitglied der Akademie, 1882–1895 Akademieprofessor. Arbeitete als Stecher für die Banknote der Österreichisch-ungarischen Bank.

Christian STEINICKEN
† 1896 in München. Vedutenmaler und Stahlstecher in München.

Julius UMBACH
* 1815 in Hanau, † 1877 in Darmstadt. Stahlstecher. Seit 1836 in Darmstadt ansässig. Schüler von Eug. Ed. Schäffer am Städel in Frankfurt. Von ihm sind v. a. Landschaftsstahlstiche bekannt. Arbeitete für den Verlag Lange in Darmstadt.

Ed. WAGNER
Stahlstecher und Landschaftsmaler. Tätig um die Mitte des 19. Jahrhunderts. Arbeitete vor allem für den Verlag Lange in Darmstadt.

Eduard WILLMANN
* 1820 in Karlsruhe, † 1877 in Karlsruhe. Kupfer- und Stahlstecher. Schüler von C. L. Frommel. Im Darmstadt, London und v. a. erfolgreich in Paris tätig, 1863 Mitglied der Ehrenlegion. Seit 1870 Hofkupferstecher und Akademieprofessor in Karlsruhe. Zahlreiche Landschaftsstahlstiche, zumeist nach eigenen zeichnerischen Vorlagen.

Carl WÜRBS
* 1807 in Prag, † 1876 in Prag. Maler und Zeichner. Studierte an der Prager Akademie. Seit 1858 Inspektor der Prager Gallerie und Professor am Technischen Institut in Prag. Malte u. a. Landschaften und Stadtansichten und illustrierte viele Bücher über Österreich-Ungarn, besonders über Prag, Böhmen und Mähren. Seine Ansichten sind wegen ihrer Genauigkeit von bedeutendem topographischem Wert.

Friedrich Carl WÜRTHLE
* 1820 in Konstanz, † 1902 in Salzburg. Landschaftsmaler, Stahlstecher und Radierer. Erlernte bei C. L. Frommel den Stahlstich, 1840–1860 in München, dann in Salzburg tätig, wo er sich mit dem Stahlstichverleger Gregor Baldi zur Gründung einer photographischen Anstalt zusammentat. Bekannt sind seine Stahlstichalben von Bayern (1840) und Tirol (1852–1855).

Topographische Beschreibung der Stahlstiche

Es erschien sinnvoll an Stelle des über 1000 Seiten starken landeskundlichen Textes von Anton von Ruthner, der in keinem unmittelbaren Zusammenhang mit den Stahlstichen steht, eine kurze topographisch-kulturgeschichtliche Beschreibung der einzelnen Tafeln zu setzen. Naturgemäß stand hier die Zeit des 19. Jahrhunderts im Vordergrund.

Ursprünglich war die Anordnung der Stahlstiche in Ruthners „Kaiserthum Oesterreich" völlig willkürlich. Die genaue Kollation und Reihenfolge der Ansichten findet sich bei Nebehay-Wagner, Bibliographie altösterreichischer Ansichtenwerke, Graz 1983, Band 3, Nr. 584. Für die vorliegende Nachdruckausgabe erschien es übersichtlicher, die Stahlstiche nach Kronländern der Monarchie, beginnend mit der Haupt- und Residenzstadt Wien, anzuordnen. Dabei zeigen sich aber auch einzelne Schwächen des „Ruthner". So kann die Steiermark mit 4 Ansichten und Krain mit einer Ansicht kaum als repräsentativ gelten. Besonders enttäuschend ist, daß es von Vorarlberg und Dalmatien überhaupt keine Stahlstiche gibt. Auch die Bukowina und Österr. Schlesien sind nicht vertreten. Dafür wurden Wien, Niederösterreich, Oberösterreich und Tirol mit dem Trentino, aber auch Ungarn mit Siebenbürgen sehr ausführlich behandelt. Zu beachten ist, daß Ansichten des heutigen Burgenlandes beim Königreich Ungarn zu finden sind.

I. Die k. u. k. Haupt- und Residenzstadt Wien

Frontispice: Porträts: Kaiser Franz Josef I. (* 1830 in Schönbrunn, seit 1848 Kaiser von Österreich, † 1916 in Schönbrunn).
Kaiserin Elisabeth (* 1837 in München, 1898 in Genf von einem Anarchisten ermordet).

1. *Wien um 1873*
   Ansicht aus der Vogelperspektive mit Schloß Belvedere und dem Garten des Palais Schwarzenberg im Vordergrund. Die Basteien sind bereits geschliffen, die Ringstraße angelegt, Teile des Glacis verbaut. Votivkirche, Oper, Künstlerhaus, Schwarzenbergplatz und Kursalon im Stadtpark sind errichtet. Jenseits der Leopoldstadt sind der Nordbahnhof und die Rotunde sichtbar. Der Stich ist zwar sicher schon 1871 entstanden, zeigt jedoch bereits die erst 1873 fertiggestellte Rotunde.

2. *Stephansdom*
   Im 19. Jahrhundert gab es umfangreiche Restaurierungsarbeiten an fast allen Teilen des Domes. Der Architekt und Akademieprofessor Friedrich Schmidt, der als Steinmetz der Dombauhütte seine Laufbahn begann, wirkte hier seit 1868 als Dombaumeister. Unter ihm

erhielt der große Südturm ein neues Kreuz und einen drei Zentner schweren Adler. Die baufällige Turmspitze, die von Paul Sprenger einen Eisenhelm erhalten hatte, wurde unter Schmidt wieder in Stein hergestellt. Im 19. Jahrhundert gab es auch Überlegungen, den Nordturm auszubauen.

3. *Stephansdom, Inneres*

4. *Stephansplatz*
Erst durch die Entfernung einer Reihe kleiner Häuser vor dem Stephansdom und in Richtung Stock-im-Eisen-Platz und Graben kam es nach und nach Ende der siebziger Jahre zur Ausgestaltung eines großen Platzes vor dem Stephansdom. Ende des 19. Jahrhunderts veränderte der Platz neuerlich sein Aussehen durch neue Fassaden wie die des Haas-Hauses von van der Nüll oder des Thonet'schen Hauses von Fellner und Helmer, Ecke Brandstätte.

5. *Hoher Markt*
Ältester Platz Wiens. Hier stand bereits das Prätorium, der Palast des römischen Festungskommandanten. Hinter dem Vermählungsbrunnen wurde 1913 die Ankeruhr von Franz Matsch angebracht. Keines der abgebildeten Häuser ist heute noch vorhanden.

6. *Am Hof*
Einer der ältesten Plätze Wiens, ursprünglich der Hof der Babenberger. Das Bürgerliche Zeughaus (links) stand von 1562–1872 in Verwendung. In neuerer Zeit ist in diesem Gebäude die Wiener Feuerwehrzentrale untergebracht.

7. *Hofburg*
Die Ansicht zeigt den Leopoldinischen Trakt und die Hofbibliothek mit dem Kaisergarten (Burggarten). Die neue Hofburg wurde erst 1907–1913 errichtet.

8. *Heldenplatz, Prinz-Eugen-Denkmal*
Reiterstandbild aus Bronze von Anton Dominik Fernkorn auf einem Postament aus Untersberger Marmor. Die Zeichnung zu den Ornamenten stammt von Eduard van der Nüll. Die Enthüllung des Denkmals erfolgte am 18. Oktober 1865.

9. *Heldenplatz, Erzherzog-Karl-Denkmal*
Auch dieses Bronzedenkmal des Siegers von Aspern wurde von Anton Dominik Fernkorn entworfen. Der Steinsockel stammt von Eduard van der Nüll. Die Enthüllung, die für den 50. Jahrestag der Schlacht von Aspern, 1859, vorgesehen war, mußte durch die militärischen Rückschläge dieses Jahres verschoben werden und fand erst am 22. Mai 1860 statt.

10. *Kaiser-Josefs-Denkmal vor der Hofbibliothek (Österr. Nationalbibliothek)*
Bronzedenkmal für Josef II. von Franz Anton Zauner, enthüllt am 3. November 1807. Das Denkmal wurde der berühmten Statue des Marc Aurel auf dem Capitol in Rom nachgebildet und von Zauner in der Akademie der bildenden Künste ausgearbeitet.

11. *Augustinerkirche*
Das Grabdenkmal der Erzherzogin Marie-Christine (1742–1798), der Lieblingstocher Maria Theresias und Gattin Herzog Albrechts von Sachsen-Teschen, des Begründers der Albertina, ist ein Meisterwerk Antonio Canovas. Der Künstler arbeitete 7 Jahre an dem Grabmal und kam zur Enthüllung 1805 eigens nach Wien. Die Kosten des Monuments waren 85.000 Gulden. Merkwürdigerweise wurde die Erzherzogin nicht hier, sondern in der Kapuzinergruft begraben.

12. *Kärntnerring*
Der Kärntnerring zwischen Oper und Schwarzenbergplatz war vor dem 1. Weltkrieg einer der beliebtesten Treffpunkte der Wiener Gesellschaft (Ringstraßenkorso). Ecke Kärntner Straße – Kärntnerring war die berühmte „Sirkecke".

13. *Staatsoper*
Auf den Stadterweiterungsgründen, über dem ehemaligen Stadtgraben wurde die Staatsoper 1863–1869 nach den Plänen von Eduard van der Nüll und August Sicard von Sicardsburg in romantisch-historisierendem Stil errichtet. Noch vor der Beendigung des Baues beging van der Nüll am 3. April 1868 Selbstmord, wenig später starb Sicardsburg am 11. Juni. Die offene Loggia wurde von Moritz von Schwind ausgestaltet, die allegorischen Bronzefiguren sind von Ernst Julius Hähnel.

14. *Opern- und Kärntnerring*
Die Ansicht zeigt den Opern- und Kärntnerring vom Burggarten bis zum Schwarzenbergplatz, links die Oper und die Sirkecke.

15. *Elisabethbrücke*
Die Brücke über den Wienfluß, von der Wiedner Hauptstraße zur Kärntner Straße, wurde 1850 an Stelle einer bereits seit 1404 bestehenden Brücke nach Plänen von Ludwig Förster erbaut. 1867 erhielt die Brücke noch acht Marmorstandbilder verschiedener Künstler durch den Verein zur Förderung der bildenden Künste. Anläßlich der Wienflußeinwölbung wurde die Brücke demoliert. Die Statuen wurden zunächst bei der Stadtbahnstation Karlsplatz und später auf dem Rathausplatz aufgestellt.

16. *Künstlerhaus*
Das Künstlerhaus wurde 1865–1868 von der Vereinigung der bildenden Künstler, über Anregung von Friedrich Stache, von August Weber im Stil der italienischen Renaissance erbaut und mit der 3. Allgemeinen deutschen Kunstausstellung in Anwesenheit des Kaisers eröffnet.

17. *Stadtpark*
Der Stadtpark wurde auf den Gründen des ehemaligen Wasserglacis nach Ideen des Landschaftsmalers Josef Selleny und nach Plänen des Stadtgartendirektors Rudolf Siebeck 1862 angelegt. Der Kursalon entstand 1865–1867 nach einem Entwurf von Johann Garben.

18. *Stadtpark, Schubertdenkmal*
Das Denkmal für Franz Schubert im Stadtpark ist von Carl Kundmann, der Sockel von Theophil Hansen. Gestiftet wurde es vom Wiener Männergesangsverein, die Enthüllung war am 15. Mai 1872.

19. *Stadttheater, später Etablissement Ronacher*
Das Stadttheater wurde von Max Friedländer neben dem Hoftheater als bürgerliches, von der Zensur freies Theater begründet und 1871/72 nach Plänen von Ferdinand Fellner errichtet. In der Loggia waren Marmorstandbilder Shakespeares, Goethes und Schillers angebracht, der Vorhang war von Hans Markart. Am 16. Mai 1884 brannte es innen gänzlich aus. Unter Erhaltung der Fassade wurde es 1887–1888 von den Architekten Fellner und Helmer zu einem Varietétheater mit Ballsaal, Kaffeehaus, Restaurant und Hotel, zum Etablissement Ronacher, umgebaut. 1945–1955 fanden hier die Aufführungen des im 2. Weltkrieg zerstörten Burgtheaters statt. Heute ist das Gebäude ohne Verwendung.

20. *Franz-Josefs-Kaserne*
Nach dem Revolutionsjahr 1848 wurden rund um die Innere Stadt große Befestigungswerke gegen die aufständische Bürgerschaft errichtet. Die 1854–1857 erbaute Franz-Josefs-Kaserne auf der Dominikanerbastei bildete dabei einen wichtigen Teil dieser Befestigungen. Die Infanteriekaserne bestand aus zwei großen Bauwerken, die durch das Franz-Josefs-Tor, einem Stadttor, verbunden waren. Die Kaserne wurde 1901 abgerissen. An ihrer Stelle steht unter anderem die Postsparkasse. Die beiden Brücken im Vordergrund sind die Radetzkybrücke über den Wien-Fluß und die Aspernbrücke über den Donaukanal. Dazwischen wurde 1910 die Urania errichtet.

21. *Gebäude der Donaudampfschiffahrtsgesellschaft*
Direkt am Donaukanal, nahe der Aspernbrücke, stand bis 1983 das Gebäude der Ersten Donau-Dampfschiffahrtsgesellschaft. Die Gesellschaft wurde 1829 für die Schiffahrt auf der Donau gegründet, seit 1834 besaß sie auch die erste Dampflinie auf dem Mittelmeer (Triest–Konstantinopel) und verfügte vor dem 1. Weltkrieg über eine der größten Binnenflotten Europas.

22. *Aspernbrücke*
Die Aspernbrücke über den Donaukanal (bei der heutigen Urania) wurde 1863/64 als Kettenbrücke erbaut und führt ihren Namen nach der Schlacht von Aspern, in der Erzherzog Karl über Napoleon siegte. An den Enden der Brücke standen allegorische Figuren und vier Steinlöwen von Johann Meixner. 1913 wurde die Brücke abgetragen.

23. *Franz-Josefs-Kai mit der Salztor- und der Marienbrücke*
Der Fanz-Josefs-Kai wurde am 1. Mai 1858 eröffnet.

24. *Ringtheater am Schottenring*
Das Ringtheater, 1874 als Komische Oper erbaut, später in Ringtheater umbenannt, brannte am 8. Dezember 1881 unter dramatischen Umständen ab.

25. *Votivkirche*
Die Votivkirche wurde nach dem Attentat Johann Libenyis auf Kaiser Franz Josef auf Anregung von Erzherzog Ferdinand Max, des Bruders des Kaisers, 1856–1879 im Stil der französischen Kathedralgotik erbaut. Architekt war Heinrich Ferstel. Die Votivkirche war das erste Bauwerk, das von den Militärs noch vor der Schleifung der Bastei auf dem Glacis zugelassen wurde.

26. *Neues Rathaus*
Einer der markantesten Ringstraßenbauten. Unter Leitung des Dombaumeisters und k. k. Oberbaurates Friedrich Schmidt 1872–1883 erbaut. Ursprünglich war für das Rathaus ein Platz hinter der Börse und dann am Parkring gegenüber dem Stadtpark vorgesehen. Erst Bürgermeister Cajetan Felder setzte sich für den sogenannten Josefstädter Exerzier- und Paradeplatz ein, auf dem heute das Rathaus gemeinsam mit dem Parlament und der Universität steht.

27. *Belvedere*
Sommerschloß des Prinzen Eugen von Savoyen, nach Plänen von Lukas v. Hildebrandt 1714–1722 erbaut. Nach dem Tod des Prinzen kam das Schloß in kaiserlichen Besitz. In das Obere Belvedere wurde die kaiserliche Gemäldesammlung aus der Stallburg gebracht. In das Untere Belvedere gelangte die Ambraser Sammlung. Sie war nach dem Preßburger Frieden, 1806, als Tirol an Bayern fiel, nach Wien geholt worden. Beide Sammlungen

blieben hier bis 1890 und kamen dann in das neuerrichtete Kunsthistorische Museum. 1894-1914 war das Belvedere die Residenz des Thronfolgers Franz Ferdinand.

28. *Schönbrunn*
Residenz der kaiserlichen Familie. Kaiser Franz Josef hielt sich sehr gerne in Schönbrunn auf. Er ist hier auch am 18. August 1830 zur Welt gekommen und am 21. November 1916 gestorben. Kaiser Karl, der letzte österreichische Kaiser, unterschrieb 1918 seinen Regierungsverzicht in Schloß Schönbrunn.

29. *Schönbrunn, Gloriette*
Der Kolonnadenbau der Gloriette auf der Höhe des Schönbrunner Berges wurde nach einem Entwurf von Ferdinand Hetzendorf von Hohenberg 1775 errichtet. Ursprünglich hätte hier nach dem ersten Projekt von Johann Bernhard Fischer von Erlach das Hauptgebäude des Schlosses entstehen sollen. Der Adler auf der Gloriette ist kein Doppeladler. Er geht auf Napoleon zurück, der vom 12. bis 25. Dezember 1805 in Schönbrunn seine Residenz aufgeschlagen hatte. Der darunter liegende Neptunsbrunnen von Franz Anton Zauner wurde 1780 vollendet.

30. *Arsenal*
Auch das Arsenal an der Belvederelinie entstand als Folge des Revolutionsjahres 1848. Es wurde 1848-1856 unter Benützung von Plänen der Architekten August Sicardsburg, Eduard van der Nüll, Ludwig Förster, Theophil Hansen und Carl Rösner erbaut und beherbergte in einem verteidigungsfähigen Komplex mit 72 Gebäuden eine Artilleriezeugfabrik, eine Artilleriekadettenschule, das Heeresmuseum und verschiedene militärische Einrichtungen.

31. *Arsenal, Kommandantengebäude*
Das Kommandantengebäude wurde von Sicardsburg und van der Nüll entworfen. Die Plastiken an der Fassade sind von Hans Gasser. Dahinter ist das Heeresmuseum (heute Heeresgeschichtliches Museum) zu sehen. Es ist der am reichsten ausgestattete Teil des Arsenals. Die künstlerische Ausgestaltung geht auf Theophil Hansen zurück. Für die Bauausführung waren Leopold Mayer und Eduard Kusché verantwortlich.

32. *Lazaristenkirche*
Die Lazaristenkirche in der Kaiserstraße nahe dem Westbahnhof ist nach Plänen von Friedrich Schmidt 1860-1862 als neugotischer Backsteinbau errichtet worden.

33. *Altlerchenfelder Kirche*
Die 1861 eingeweihte Kirche gilt als das bedeutendste und einheitlichste Bauwerk der österreichischen Romantik. Als Architekten wirkten Paul Sprenger, Johann Georg Müller, Eduard van der Nüll und Franz Sitte. Die reiche Ausschmückung im Inneren der Kirche wurde unter der Leitung Eduard van der Nülls durch Joseph von Führich, Eduard Engerth, Leopold Kupelwieser, Karl Blaas und Franz Dobiaschofsky durchgeführt.

34. *Nordbahnhof*
An Stelle des kleinen Bahnhofs der Kaiser-Ferdinands-Nordbahn aus dem Jahre 1837 wurde 1858-1865 ein großer Bahnhof in romantisch-historisierenden Formen erbaut. 1944/45 wurde der Bahnhof zerstört, die Ruine 1965 gesprengt.

35. *Weltausstellung*
Vom Mai bis November 1873 fand die Weltausstellung auf dem heutigen Messegelände

im Prater statt. Sie sollte Glanz und Macht der Monarchie in der Gründerzeit zeigen. Über tausend Aussteller nahmen teil und sieben Millionen Menschen, darunter der deutsche Kaiser, der russische Zar und die Könige von Belgien, Italien und Schweden, besuchten sie. Trotzdem stand sie unter schlechten Vorzeichen. Der große „Börsenkrach" vom 8. Mai 1873 und eine Cholera-Epidemie belasteten sie schwer. Sie endete mit einem beachtlichen Defizit.

36. *Rotunde*
Die Rotunde war der Mittelpunkt der von Carl von Hasenauer gestalteten Weltausstellung. Sie wurde nach einem durch Heinrich Schmidt umgearbeiteten Entwurf des Engländers Scott Russel von der Duisburger Firma Harkort errichtet. In ihr fanden zahlreiche Ausstellungen vor und nach dem 1. Weltkrieg statt. 1937 wurde sie durch einen Großbrand völlig zerstört. An ihrer Stelle steht heute das Hauptgebäude der Wiener Messe.

II. Das Erzherzogtum Österreich unter der Enns (Niederösterreich)

37. *Bad Deutsch Altenburg*
Die Angabe „Romanische Kapelle in Tulln" ist falsch. Tatsächlich handelt es sich hier um den spätromanischen Karner und den gotischen Chor der Pfarrkirche von Bad Deutsch Altenburg. Die Schwefeltherme des Kurortes erfreut sich seit 1834 großer Beliebtheit, sie war aber auch schon den Römern bekannt. In unmittelbarer Nähe liegen die Ausgrabungen des römischen Carnuntums.

38. *Dürnstein*
Einer der malerischesten Plätze der Wachau mit dem ehemaligen Augustiner-Chorherrenstift (1788 aufgehoben) und der Ruine der alten Kuenringerburg.

39. *Hainburg an der Donau*
Kleine Stadt an der Donau zwischen Hundsheimer Bergen und Kleinen Karpathen, nahe der heutigen Grenze zur Tschechoslowakei und zu Ungarn, mit vielen historischen Sehenswürdigkeiten. Oberhalb der Stadt, am Fuß des Schloßberges, ist die große Pionier-Kadettenschule. Auch die k. k. Tabakfabrik in Hainburg war bedeutend.

40. *Hainburg, Wiener Tor*
Das 1270 errichtete und 1529 erneuerte Wiener Tor, Teil der großen Befestigungsanlage, hat sich bis heute erhalten.

41. *Hainburg, Schloßberg*
Auf dem Gipfel des 290 m hohen Schloßberges liegt die Ruine der im Nibelungenlied genannten „Heimburc" mit Resten des Pallas, der Kapelle und der Wehrtürme.

42. *Hinterbrühl*
Die Klause in der Brühl ist ein romantisches, enges Tal mit schroffen Kalkfelsen und Kiefern in der Nähe von Mödling. Im Umkreis der Klause ließ der Fürst Liechtenstein, dem die ganze Gegend gehörte, zahlreiche künstliche Ruinen errichten. Oberhalb der Hinter-

brühl auf dem Kleinen Anninger wurde der „Husarentempel" von Josef Kornhäusel 1813 für den Fürsten errichtet.

43. *Krems an der Donau*
Krems, am Ausgang der Wachau, ist eine der ältesten Städte Österreichs (995 bereits urkundlich erwähnt) und liegt inmitten eines der größten Weinanbaugebiete Österreichs.

44. *Krems an der Donau*
2. Ansicht. Von der Morgenseite. Oberhalb der Stadt ist die Piaristenkirche (früher Jesuitenkirche) in beherrschender Lage.

45. *Lassingfall*
Entgegen den Angaben auf dem Stahlstich ist der Lassingfall nicht in der Steiermark, sondern bei Wienerbruck in Niederösterreich. Der 90 m hohe Wasserfall wird von der Lassing, einem Nebenfluß der Erlauf gebildet. Durch ein Kraftwerk führt die Lassing heute nur sehr wenig Wasser.

46. *Laxenburg*
Kaiserliches Schloß südlich von Wien, inmitten eines 250 Hektar großen englischen Parks mit Wasserläufen und einem großen See, Tempeln, Statuen, Lusthäusern, Meiereien und einem Turnierplatz. In der Mitte des Sees liegt die 1801–1836 errichtete Franzensburg (siehe Ansicht) mit reicher romantischer Innenausstattung.

47. *Melk*
Barockes Benediktinerstift (Baumeister Jakob Prandtauer) auf einem Felsen über der Donau.

48. *Perchtoldsdorf*
Alte Marktgemeinde am Rande von Wien. Die gotische Pfarrkirche und der aus dem 15. Jahrhundert stammende markante freistehende Wehrturm gehörten gemeinsam mit der Herzogsburg, von der Teile noch erhalten sind, zu einer großen, befestigten Wehranlage.

49. *Petronell*
Petronell liegt am rechten Donauufer unterhalb von Wien. Nahe dem Schloß der Familie Abensberg-Traun aus dem 17. Jahrhundert wurde die römische Stadt Carnuntum ausgegraben. Ganz in der Ferne, zwischen der alten Pfarrkirche und der aus dem 12. Jahrhundert stammenden Rundkapelle ist die Ruine des „Heidentores" erkennbar.

50. *Reichenau*
Reichenau, am Fuße der 2000 m hohen Rax, war in der Monarchie eine vornehme Sommerfrische mit vielen Villen, Logierhäusern und einem Kurpark.

51. *Schloßhof*
Sommerschloß des Prinzen Eugen im östlichen Marchfeld nach Plänen von Lukas v. Hildebrandt 1725–1729 errichtet. 1760 wurde das Schloß mit klassizistischer Fassade umgebaut. Hier war ein kaiserliches Gestüt und später die Reitlehranstalt der k. u. k. Heeresverwaltung untergebracht.

52. *Schönbühel*
Das hoch auf einem Felsen über der Donau liegende Schloß, dessen Geschichte bis ins

12. Jahrhundert zurückreicht (heutiger Bauzustand von 1819–21), und das dahinter liegende Servitenkloster gleichen Namens aus dem 17. Jahrhundert beherrschen weithin das Landschaftsbild am Eingang der Wachau.

53. *Schottwien*
Marktgemeinde und traditionelle Sommerfrische am Beginn der Semmeringstraße. In der Ferne ist die Wallfahrtskirche Maria Schutz zu sehen.

54. *Semmering, Weinzettelwand*
Die 1848–1854 von Karl Ritter von Ghega erbaute Semmeringbahn war die erste Gebirgsbahn Europas und ist noch bis heute ein Vorbild für alle Gebirgsbahnen der Welt. Sie überquert auf 16 teilweise mehrstöckigen Viadukten tiefe Schluchten, führt über mehrere in die Felswand gebaute Galerien, namentlich an der Weinzettelwand, durchfährt 15 Tunnel und erreicht im Haupttunnel, der 1430 m lang ist und zu seiner Zeit als das großartigste Bauwerk dieser Art galt, in 897 m Höhe den höchsten Punkt. Die Semmeringbahn wurde vom österreichischen Staat mit einem Kostenaufwand von 45 Millionen Kronen errichtet.

III. Das Erzherzogtum Österreich ob der Enns (Oberösterreich)

55. *Bad Ischl*
Einer der berühmtesten Kurorte der Monarchie. In der 1853 für Franz Josef ausgestatteten Villa hielt sich der Kaiser besonders gerne auf, so daß Ischl in den Sommermonaten geradezu zur Residenz der Monarchie wurde. Der Ort war aber auch ein Zentrum der damaligen Künstlerwelt. So verbrachten Brahms, Strauß, Bruckner, Girardi, Kálmán und Lehár viele Sommer in Ischl.

56. *Bad Ischl*
2. Ansicht. Blick auf Bad Ischl vom Kalvarienberg aus.

57. *Garsten bei Steyr*
Ehemaliges Benediktinerstift (Baumeister Jakob Prandtauer, Entwürfe von Carlo Antonio Carlone), 1787 säkularisiert, heute Strafanstalt.

58. *Gmunden*
Hauptort des Salzkammerguts am Nordende des Traunsees. Bis weit ins 19. Jahrhundert hinein war Gmunden die Salzmetropole des oberösterreichischen Salzkammerguts. Nahe von Gmunden liegt Schloß Ort malerisch im Traunsee.

59. *Gmunden*
2. Ansicht. Der steile Berg links ist der Traunstein.

60. *Hallstatt*
Der kleine Ort am gleichnamigen See, bekannt schon in frühgeschichtlicher Zeit für seine reichen Salzvorkommen, wurde von vielen Künstlern immer wieder gemalt.

61. *Kremsmünster*
Benediktinerstift, 777 gegründet, von Carlo Antonio Carlone und Jakob Prandtauer barockisiert. Die Darstellung zeigt das 1741–50 erbaute Brückentor.

62. *Langbathsee*
Der Vordere und der Hintere Langbathsee sind zwei kleine Gebirgsseen bei Ebensee im Salzkammergut. Besonders romantisch liegt der Hintere Langbathsee zu Füßen des 1530 m hohen Spielbergs im Höllengebirge.

63. *Linz an der Donau*
Die Hauptstadt des Erzherzogtums Österreich ob der Enns hatte am Ende der Monarchie nur wenig mehr als 50.000 Einwohner (heute 200.000).

64. *Linz, Hauptplatz*
Der barocke Hauptplatz mit den typischen Scheinfassaden hat bis heute seinen alten Charakter bewahren können.

65. *Priel. Großer und Kleiner Priel*
Oberhalb von Hinterstoder, wo die Krumme Steyr entspringt, liegt zu Füßen des 2515 m hohen Großen und Kleinen Priels eines der wildromantischsten Täler des Toten Gebirges.

66. *Sankt Wolfgang*
St. Wolfgang, im Herzen des Salzkammerguts, ist vor allem für den berühmten Altar von Michael Pacher bekannt. Das Operettenklischee wurde dem Ort erst nach dem 1. Weltkrieg verpaßt.

67. *Steyr*
Alte Eisenstadt in Oberösterreich am Zusammenfluß von Enns und Steyr. Nahe der Stadt liegt die von Josef Werndl († 1889) begründete Waffenfabrik, die heutigen Steyr-Werke.

68. *Steyr*
2. Ansicht. Von der Abendseite. Mit der gotischen Pfarrkirche St. Ägid und Koloman.

69. *Strumboding-Wasserfall.*
Unterhalb von Hinterstoder bildet die Steyr in einem engen Durchbruch den 10 m hohen Strumboding-Wasserfall.

70. *Traunkirchen*
Traunkirchen liegt malerisch auf einer Landzunge des Traunsees. In der Pfarrkirche, einer ehemaligen Jesuitenkirche, weist die Kanzel die Form eines Schiffes auf. Sie zeigt bezugnehmend auf die Seelage der Kirche den wunderbaren Fischzug aus dem Lukasevangelium.

IV. Das Herzogtum Salzburg

71. *Bad Gastein*
Bad Gastein nahm als weltberühmte und schon den Römern bekannte Thermalquelle im 19. Jahrhundert einen mächtigen Aufschwung. Als Treffpunkt von Staatsmännern (Bismarck) und Diplomaten erlangte es historische Bedeutung (Vertrag von Gastein 1865). Die hohen Hotelbauten Gasteins stehen in einem merkwürdigen Kontrast zur Hochgebirgslandschaft und zum Wasserfall der Gasteiner Ache.

72. *Bad Hofgastein*
Der in einer lieblichen Talweitung des Gasteiner Tales gelegene Markt hat sich, trotz großer Wandlungen, seinen alten Charakter bewahrt. Im 16. Jahrhundert erlebte der Ort durch den Goldbergbau seine erste Blüte. Die heutige Bedeutung des Ortes begann mit der Zuleitung des Thermalwassers aus Bad Gastein 1828.

73. *Gollinger Wasserfall*
In der Nähe von Golling liegt der schöne Gollinger Wasserfall des Schwarzbachs, der aus einer Höhle des Hohen Göll in zwei Stufen 62 Meter herabstürzt.

74. *Naßfeld bei Gastein*
Das über 1600 m hohe Naßfeld am obersten Ende des Gasteiner Tales liegt inmitten der Hohen Tauern. Vom Naßfeld aus hat man einen schönen Blick auf das 3122 m hohe Schareck und die Sonnblickgruppe. Der Künstler hat sich mit seiner Staffelei links im Bild selbst dargestellt.

75. *Salzburg (Stadt)*
Blick vom Kapuzienerberg auf den Dom, die Festung und die Benediktinerinnen-Abtei Nonnberg.

76. *Salzburg, Mozartplatz mit dem Mozartdenkmal*
Modelliert von Ludwig Schwanthaler, gegossen von Johann Stiglmaier in München, errichtet 1842.

77. *Sankt Gilgen*
St. Gilgen, Hauptort des salzburgischen Salzkammergutes am Westufer des Wolfgangsees, war auch in der Monarchie eine bekannte Sommerfrische und Luftkurort. Vom 1783 m hohen Schafberg bietet sich eine weite Aussicht über das ganze Salzkammergut.

78. *Sonnblick bei Rauris*
Gewerkehaus des Goldbergwerkes oberhalb Kolm Saigurn, am Fuße des Sonnblickgletschers. Der Rauriser Goldbergbau hatte seine Blüte im 15. und 16. Jahrhundert, war aber noch im 19. Jahrhundert in Betrieb. Auf dem Gipfel des Sonnblicks ist, bereits seit der Monarchie, das höchste Wetterobservatorium Europas.

V. Die Gefürstete Grafschaft Tirol

79. *Achensee (Nordtirol)*
Der idyllische Achensee in Nordtirol, zwischen Karwendel- und Rofangebirge, wurde schon in der Monarchie gerne zur Sommerfrische besucht.

80. *Bozen/Bolzano (Südtirol/Italien)*
Die gotische Stadtpfarrkirche zur Himmelfahrt Mariae stammt aus dem 14. und 15. Jahrhundert. Der markante Turm wurde 1519 vollendet. Bozen mit 12.000 Einwohnern war in der Monarchie die wichtigste Handelsstadt Tirols.

81. *Brixen/Bressanone (Südtirol/Italien)*
Brixen war 9 Jahrhunderte lang Hauptstadt eines erst 1803 aufgehobenen eigenen Fürstbistums. Die bischöfliche Residenz und der Dom erinnern noch daran.

82. *Brixen/Bressanone*
Brücke über den Eisack mit heiligem Nepomuk und Stadtpfarrkirche, links im Hintergrund einer der beiden Türme der Domkirche.

83. *Brixen/Bressanone, Neustift/Novacella*
Augustiner-Chorherrenstift nördlich von Brixen, gegründet 1142. Das Äußere des Stifts erhält vor allem durch den massiven Fassadenturm aus dem Ende des 12. Jahrhunderts und den gotischen Chor der Kirche von 1468 das charakteristische Gepräge. In die Welt des Spätbarocks führt das Innere der Kirche mit herrlichen Stukkaturarbeiten aus der Wessobrunner Schule. Altäre von Theodor Benedetti und Deckenfresken des Augsburgers Matthias Günther.

84. *Brunneburg/Castel Fontana bei Meran (Südtirol/Italien)*
Die 1253 erstmals erwähnte Brunneburg (auch Brunnenburg oder Brunnenberg) war im 19. Jahrhundert eine malerische Ruine am Rand des Talkessels von Meran. Zu Beginn des 20. Jahrhunderts wurde sie sehr unglücklich erneuert.

85. *Churburg/Castel Coira (Südtirol/Italien)*
Schloß Churburg oder Churberg bei Schluderns im Vintschgau ist seit 1504 bis heute im Besitz der Familie Trapp. Im Hintergrund der 3900 m hohe Ortler, der höchste Gipfel der Monarchie.

86. *Drei Zinnen/Tre Chime di Lavaredo (Südtirol/Italien)*
Die fast 3000 m hohen Drei Zinnen, Felstürme der Sextener Dolomiten, auf der Grenze von Südtirol nach Venetien, waren bereits im 19. Jahrhundert ein beliebtes Bergsteigerziel.

87. *Eppan (Hocheppan)/Appiano (Südtirol/Italien)*
Romantische Burg aus dem 12.–16. Jahrhundert bei Bozen.

88. *Forno-Gletscher/Chiacciaio del Forno in der Ortlergruppe (Italien)*
Der Forno-Gletscher unterhalb der Zufallspitze/Monte Cevedale, südöstlich von Bormio, war auch im 19. Jahrhundert ein beliebtes Bergsteigerziel. 1873 gehörte er aber nicht mehr zu Österreich, sondern zum Königreich Italien.

89. *Friedberg bei Volders (Nordtirol)*
Volders bei Solbad Hall wird von der eindrucksvollen Burg Friedberg überragt, wobei besonders der massige Bergfried ins Auge fällt. Die Burg stammt aus dem 13.–15. Jahrhundert. 1847–54 kam es zu umfangreichen Renovierungen. Seit 1845 ist die Burg im Besitz des Grafen Trapp.

90. *Gern-Alm bei Pertisau (Nordtirol)*
Die Gern-Alm liegt im Naturschutzgebiet Karwendelgebirge bei Pertisau am Achensee. Pertisau wird schon im alten Baedecker als vielbesuchte Sommerfrische genannt.

91. *Haselburg/Castel Favon (Südtirol/Italien)*
Die romantische Burg der Herren von Haselberg, später der Herren von Völs aus dem 13.–16. Jahrhundert liegt in der Nähe von Bozen. Nebeneinander finden sich die Bezeichnungen Haselburg, Haselberg, aber auch Kübach oder Kiebach.

92. *Innsbruck*
Gesamtansicht von Büchsenhausen Richtung Serles.

93. *Innsbruck, Schloß Ambras*
Prächtiges Renaissanceschloß am Stadtrand von Innsbruck. Die Ambraser Sammlungen sind seit 1806 in Wien.

94. *Innsbruck, Andreas-Hofer-Denkmal*
Das Monument des Tiroler Freiheitshelden Andreas Hofer († 1810) in der Innsbrucker Hofkirche (Grabmal Maximilians I.) wurde 1834 aus Tiroler Marmor errichtet. Die Statue ist von J. Schaller, das Relief von J. Klieber.

95. *Kaltern/Caldaro (Südtirol/Italien)*
Kaltern ist der Hauptort des Überetsch, einer etwa 200 m über dem Etschtal liegenden Hügellandschaft, die sich unterhalb des Mendelgebirges von Sigmundskron etwa 25 km nach Süden hinzieht und bekannt für ihren reichen und berühmten Weinbau ist. Vom frühen Wohlstand seiner Bewohner zeugen Kirchen, Häuser und Edelsitze um Kaltern, Eppan und Tramin.

96. *Kastelbell/Castelbello (Südtirol/Italien)*
Das malerische Schloß, auf einem Fels über dem Tal gelegen, beherrscht die Landschaft des Vintschgaus zwischen Schlanders und Naturns.

97. *Klausen/Chiusa und Säben/Sabiona (Südtirol/Italien)*
Die Stadt Klausen und das Kloster Säben liegen in einem der schönsten Teile des Eisacktales. Die 1864–67 erbaute Brennerbahn erschloß das enge und wilde Eisacktal.

98. *Königsspitze/Gran Zebru (Südtirol/Italien)*
Die 3859 m hohe Königsspitze in der Ortlergruppe, nach dem Ortler und noch vor dem Großglockner der zweithöchste Gipfel der Monarchie, war zugleich auch Grenze zwischen dem Königreich Italien (Lombardei) und der Monarchie. Auch heute ist die Königsspitze mit dem Suldenferner eine der eindrucksvollsten Landschaften Südtirols.

99. *Landeck (Nordtirol)*
Landeck im Oberinntal, am Zusammenfluß von Inn und Sanna, wird aus drei ehemals

selbständigen Siedlungen, Angedair, Perfuchs und Perjen, gebildet. Die um 1200 erbaute Burg Landeck mit ihrem gewaltigen Bergfried beherrscht das Tal.

100. *Marmolata/Marmolada (Trentino/Italien)*
Die 3342 m hohe Marmolata ist der höchste Gipfel der Dolomiten. Sie wurde 1864 von Paul Grohmann zum ersten Mal erstiegen.

101. *Martinswand bei Innsbruck (Nordtirol)*
Die 1113 m hohe Martinswand oberhalb Zirl bei Innsbruck ist eine der traditionsreichsten Kletterwände der Alpen. In 800 m Höhe erinnert die Maximilianshöhle an die Errettung Kaiser Maximilians I. aus Bergnot.

102. *Meran/Merano (Südtirol/Italien)*
Gerade im 19. Jahrhundert wurde Meran durch sein mildes Klima zu einem der berühmtesten und beliebtesten Kurorte der ganzen Monarchie. Ansicht von Meran Richtung Vintschgau und Ötztaler Alpen.

103. *Monte Cristallo (Italien)*
Der 3216 m hohe Monte Cristallo mit dem Misurina-See (Lago di Misurina) ist eine der schönsten Landschaften der Dolomiten. In der Monarchie lag die Grenze von Tirol zum Königreich Italien auf dem Monte Cristallo. Das nahe Cortina d'Ampezzo gehörte zu Tirol.

104. *Peitlerkofel/Corno di Putia (Südtirol/Italien)*
Der 2874 m hohe Peitlerkofel liegt zwischen dem Gadertal und dem Villnößtal in den Südtiroler Dolomiten.

105. *Peutelstein/Podestagno bei Cortina d'Ampezzo (Italien)*
An der berühmten Ampezzaner Straße von Toblach nach Cortina, zu Füßen der Tofana, lag die Ruine Peutelstein (Podestagno). Die Ruine wurde beim Bau der Straße, 1866, abgetragen.

106. *Plumsalm bei Pertisau (Nordtirol)*
Die Plumsalm liegt im Naturschutzgebiet Karwendelgebirge westlich Pertisau am Achensee.

107. *Riva (Trentino/Italien)*
Die gefürstete Grafschaft Tirol reichte mit Riva und Torbole bis an den Gardasee. Riva, die schöne, am Nordende des Gardasees liegende Stadt, war in der Monarchie ein beliebter und vornehmer Luftkurort. Direkt am See ist das Kastell La Rocca.

108. *Rovereto (Trentino/Italien)*
Das untere Etschtal, Val Lagarina, ist durch seine südliche Vegetation mit Wein, Mais und Maulbeerbaumen geprägt. In der im 19. Jahrhundert 9000 Einwohner zählenden Stadt Rovereto waren vor allem Seidenproduktion und eine große Tabakfabrik bedeutsam.

109. *Runkelstein/Castel Roncolo bei Bozen (Südtirol/Italien)*
Die um 1237 erbaute Burg steht auf einem Felsen am Ausgang der Sarntaler Schlucht, der nach drei Seiten senkrecht abfällt und auf der vierten durch eine Zinnenmauer und einen tiefen Graben befestigt ist. Im Inneren sind die Wandbilder aus dem 14. Jahrhundert bedeutsam.

110. *Sandhof bei St. Martin im Passeiertal/San Martino in Passiria (Südtirol/Italien)*
Das Passeiertal, das Tal der reißenden Passer, wurde und wird noch immer vor allem wegen der Erinnerung an den Tiroler Freiheitshelden Andreas Hofer besucht. Im Sandhof, dem Geburtshaus und Besitz Hofers werden verschiedene Erinnerungsstücke an ihm gezeigt. 2½ Stunden oberhalb von St. Martin liegt die Pfandl- oder Hoferhütte in 1441 m Höhe, in der sich Hofer von Ende November 1809 bis zu seiner Gefangennahme am 28. Januar 1810 versteckt hielt.

111. *Sankt Lorenzen/San Lorenzo di Sebato (Südtirol/Italien)*
Der kleine Ort liegt an der Rienz bei Bruneck/Brunico im Pustertal. Bei St. Lorenzen beginnt die Straße ins Gadertal und in die Dolomiten.

112. *Schenna/Scena (Südtirol/Italien)*
Aus dem Kranz alter Burgen, die von Meran aus sichtbar sind, ist Schenna (Schänna oder Schönna) eine der bemerkenswertesten. Die im 12. Jahrhundert erbaute Burg am Eingang ins Passeiertal, ist einer der malerischsten Punkte des ganzen Etschwinkels. Aus ihren Fenstern bietet sich eine der schönsten Aussichten über Meran und den Vintschgau.

113. *Schlern/Monte Sciliar (Südtirol/Italien)*
Der 2564 m hohe Schlern ist einer der sagenumwobensten Dolomitenberge Südtirols. Der Schlern wird hier über das tiefeingeschnittene Eisacktal hinweg vom Ritten aus gesehen.

114. *Schroffenstein bei Landeck (Nordtirol)*
Romantische Ruine mit Blick über das enge Oberinntal bei Landeck.

115. *Schwaz (Nordtirol)*
Mit seinem großen Silber- und Kupferbergbau war Schwaz im 15. Jahrhundert der bedeutendste Bergbauort Tirols. Um 1500 arbeiteten hier über 10.000 Knappen. Aus den Gruben erzielten die großen Handelsherrn Süddeutschlands, mit den Augsburger Fuggern an der Spitze, große Gewinne. Die Pfarrkirche unserer lieben Frau, der größte gotische Kirchenbau Tirols, ist einer der markantesten Zeugen dieser Vergangenheit. Sie ist eine Doppelkirche mit 2 Chören und 4 Schiffen. Der nördliche Chor war die Kirche der Bürgergemeinde, der südliche Chor gehörte den Knappen. Die Fassade der Kirche mit ihren 2 Portalen und dem mächtigen zinnengekrönten Giebel bildet den großartigen Abschluß der Hauptstraße von Schwaz, der heutigen Franz-Josef-Straße.

116. *Sigmundskron/Castel Firmiano bei Bozen (Südtirol/Italien)*
Die ausgedehnte Burgruine beherrscht durch ihre Lage weithin das ganze Tal am Zusammenfluß von Etsch und Eisack. Die heute noch erhaltenen Baulichkeiten ließ Herzog Sigismund 1474–1483 errichten. Im 19. Jahrhundert diente die Burg noch als Pulvermagazin bis sie völlig verfiel.

117. *Solbad Hall (Nordtirol)*
Alte traditionsreiche Stadt östlich von Innsbruck (Stadtrecht seit 1303), die durch ihre Saline, die Glashütte und ihren Handel auf dem schiffbaren Inn große Bedeutung hatte. Erzherzog Sigmund verlegte auch seine Münze nach Hall. Die Ansicht zeigt den Münzturm im Vordergrund. Links davon die Salinengebäude. Die Sole wurde 10 km weit vom Salzbergwerk 1100 m über der Stadt hergeleitet.

118. *Sonnenburg (manchmal auch Sonnenberg)/Castel Badia bei St. Lorenzen/San Lorenzo di Sebato (Südtirol/Italien)*

Die Ruinen des ehemaligen Benediktinerinnenstiftes liegen auf einem Hügel, der gegen die Rienz steil und felsig abfällt. Das Stift wurde 1785 aufgehoben und verfällt seither. Nur der Abteistock blieb erhalten und dient heute als Gemeindearmenhaus.

119. *Stuibenfall im Ötztal (Nordtirol)*
Der hier abgebildete Wasserfall liegt bei Umhausen im Ötztal. Es gibt aber noch einen anderen Stuibenfall (Archbachfall) bei Reutte in Tirol, der auch häufig auf Stichen und Radierungen dargestellt wurde.

120. *Schloß Tirol/Castel Tirolo (Südtirol/Italien)*
Das bei Meran liegende Schloß war der früheste Sitz der Grafen von Tirol. Seit dem 16. Jahrhundert verfiel es langsam. Die Darstellung zeigt das Schloß noch vor den großen Zubauten aus dem Ende des 19. und zu Anfang des 20. Jahrhunderts (Pallas, Bergfried, Mußhaus).

121. *Tratzberg bei Jenbach (Nordtirol)*
Schloß Tratzberg, zwischen Schwaz und Jenbach im Unterinntal, ist neben Ambras das bedeutendste erhaltene Schloß in Nordtirol. Ursprünglich im landesfürstlichen Besitz war es Grenzfeste gegen Bayern, das im Mittelalter bis hierher reichte. Im 16. und 17. Jahrhundert gehörte das Schloß den Fuggern, die es prunkvoll ausstatteten. 1848 gelangte es in den Besitz der Grafen Enzenberg, die auch heute noch Eigentümer sind.

122. *Trostburg/Castel Forte bei Waidbruck/Ponte Gardena (Südtirol/Italien)*
Bei der hier als Wolkenstein bezeichneten Burg handelt es sich um Schloß Trostburg oder Trostberg bei Waidbruck im Eisacktal am Eingang des Grödnertales und nicht um die kleine Burgruine Wolkenstein im Grödnertal. Auf der Ansicht unten rechts ist auch der kleine Ort Kollman/Colma im Eisacktal erkennbar. Die hoch über dem Tal liegende mächtige Burg aus dem 12. bis 17. Jahrhundert gehörte seit 1370 und bis zum heutigen Tag den Grafen von Wolkenstein-Trostburg.

123. *Trient/Trento (Italien)*
Trient, die größte Stadt von Welschtirol, war in der Vergangenheit eine sehr bedeutende und wohlhabende Stadt an der Granze des deutschen und italienischen Sprach- und Kulturraumes. 1545–1563 fand hier das Tridentinische Konzil statt. Mit ihren Türmen und Palästen war die Stadt auch noch um die Mitte des 19. Jahrhunderts sehr eindrucksvoll.

124. *Zenoburg/Castel San Zeno (Südtirol/Italien)*
Steil über der Passer in den Weingärten von Meran liegt die romantische Zenoburg.

VI. Das Herzogtum Kärnten

125. *Bramkofel/Montasio (Italien)*
Der 2754 m hohe Bramkofel (Montasio oder Montasch) bildete in der Monarchie die Grenze von Kärnten zum Königreich Italien. Das Kärntner Kanaltal zwischen Tarvis und Pontafel (Pontebba) kam nach 1918 zu Italien. Auf dem Stich ist der Blick vom Luschariberg dargestellt. Der Luschariberg (Monte Santo di Lussari/Višarje) oder auch Heiliger

Berg war der besuchteste Wallfahrtsort Kärntens. Der weite Rundblick vom Luschariberg war berühmt.

126. *Elend Kees*
Der Groß- und Kleinelendkees schließen das oberste Maltatal südlich und nördlich des Ankogels ab.

127. *Friesach*
Die alte, noch mit Mauern und Graben umgebene Stadt wird von den Burgruinen Geiersberg, Lavant, Petersberg und der verfallenen Propstei Virgilienberg überragt. Durch ihre malerische Lage war die kleine Stadt bereits in der Monarchie eine gern besuchte Sommerfrische.

128. *Großglockner*
Der höchste Gipfel des heutigen Österreichs stand in der Monarchie erst an dritter Stelle nach dem Ortler und der Königsspitze. Der Großglockner wurde am 28. Juli 1800 zum ersten Mal bestiegen.

129. *Heiligenblut*
Auch in einem Bildband des 19. Jahrhunderts darf dieser berühmte Blick mit der gotischen Wallfahrtskirche von Heilienblut und dem eisbedeckten Großglockner nicht fehlen.

130. *Klagenfurt*
Die Kärntner Landeshauptstadt mit Blick auf die Karawanken.

131. *Loiblpaß/Podljubel (Kärnten/Jugoslawien)*
Über den 1366 m hohen Paß von Kärnten nach Jugoslawien führte bereits in römischer Zeit ein Saumweg. Die für den Handelsverkehr wichtige Straße wurde unter Kaiser Karl VI., 1728, erbaut.

132. *Mangart (Italien/Jugoslawien)*
Die 2677 m hohe Mangartgruppe, südöstlich von Tarvis/Tarvisio, bildet heute die Grenze von Italien und Jugoslawien. In der Monarchie war in der Mangartgruppe das Dreiländereck von Krain, Küstenland und Kärnten.

133. *Raibl/Cave del Predil (Italien)*
Auch Raibl mit den gewaltigen Felszacken des Fünfspitz gehörte in der Monarchie zu Kärnten. Über den nahen Raiblpaß (Predil) gelangte man von Kärnten ins Küstenland. Heute ist hier die italienisch-jugoslawische Grenze.

134. *Raiblsee/Lago del Predil (Italien)*
In der Nähe von Raibl liegt der schöne hellgrüne Raiblsee.

135. *Zechnerfall (?)*
Es wird vermutet, daß der hier abgebildete Zechnerfall in der Umgebung von Raibl/Cave del Predil und damit heute in Italien liegt.

VII. Das Herzogtum Steiermark

136. *Graz*
Blick auf die Innere Stadt mit der Franziskanerkirche, dem Schloßberg und Lend auf der anderen Seite der Mur, etwa von der heutigen Radetzkybrücke aus. Graz galt in der Monarchie als eine der angenehmsten Provinzial-Hauptstädte und wurde von pensionierten Beamten und Offizieren gerne zum Wohnsitz gewählt.

137. *Graz*
2. Ansicht der Stadt, vom Nikolai-Quai (heute Grieskai) aus.

138. *Mariazell*
Mariazell war auch für die Monarchie der bedeutendste Wallfahrtsort.

139. *Mürzsteg*
Der kleine Ort liegt im oberen Mürztal. Die Äbte des nahen Stiftes Neuberg besaßen hier ein Jagdhaus und 1870 ließ sich auch Kaiser Franz Josef ein Jagdschloß erbauen. 1903 trafen Franz Josef und Zar Nikolaus in diesem Jagdhaus zusammen.

VIII. Das Herzogtum Krain

140. *Veldes/Bled (Slowenien/Jugoslawien)*
Im 19. Jahrhundert ein besuchter Bade- und Sommerfrischeort mit herrlicher Lage am Veldeser See/Blejsko jezero. Auf einer Insel liegt die Wallfahrtskirche Maria am See, auf einem steilen Felsen Schloß Veldes.

IX. Stadt und Gebiet Triest

141. *Triest/Trieste (Italien)*
Triest war der größte Seehafen der österreich-ungarischen Monarchie. Schon unter Kaiser Karl VI., 1719, war Triest Freihafen. Der 1867–1876 errichtete Neue Hafen in der Nähe des Bahnhofs ist auf der vorliegenden Ansicht noch nicht zu sehen. Der Alte Hafen (Porto Veccio) vom Molo San Carlo bis zum Molo Sta. Teresia und der Fanale marittimo, der 33 m hohen Leuchtturm, sind auf der Ansicht sehr schön zu sehen. An der Piazza Grande, direkt am Porto Veccio, wurde 1880–83 der Palast des Österreichischen Lloyd, der bekannten 1833 gegründeten Dampfschiffahrts- und Handelsgesellschaft, nach Plänen von Heinrich Ferstel errichtet.

142. *Triest, Alter Hafen*
Ansicht des Alten Hafens (Porto Veccio) mit dem mächtigen Kastell über der Stadt.

143. *Triest, Piazza della Borsa*
Die Piazza della Borsa mit der stattlichen alten Börse, später Handels- und Gewerbekammer, war einer der berühmtesten Plätze Triests. Vor der Börse steht das 1660 errichtete Standbild Kaiser Leopolds I.

144. *Triest, Schloß Miramare*
Schloß Miramare, 8 km nordwestlich von Triest, liegt umgeben von einem prächtigen Park in besonders schöner Lage. Es wurde 1854–56 errichtet und war ursprünglich im Besitz des Erzherzogs Ferdinand Max, des späteren Kaisers Maximilian von Mexiko. Auch Kaiserin Elisabeth hielt sich hier sehr gerne auf.

X. Das Königreich Böhmen

145. *Prag/Praha, Hradschin/Hradčany und Kleinseite/Malá Strana*
Der malerischste Stadtteil von Prag ist die einstmals mit eigenem Stadtrecht ausgestattete „Kleinseite", zwischen dem Hradschin und der Moldau. In der Barockzeit entstanden hier fast 200 Adelspaläste und einige berühmte Kirchen. Die Kleinseite Prags wird vom mächtigen Hradschin und dem St.-Veits-Dom überragt.

146. *Prag/Praha, Teynkirche/Týnský Chrám*
Die Teynkirche im Herzen der Prager Altstadt wurde 1365 von der Bauhütte Peter Parlers im Auftrag deutscher Kaufleute erbaut. Sie war lange Zeit die Hauptkirche der böhmischen Utraquisten. Die von Häusern halbverdeckte Westfassade mit den beiden spitzen Türmen und dem hohen Giebeldach wurde 1460 unter Georg von Podiebrad errichtet. Den goldenen Kelch, den Georg von Podiebrad zusammen mit seinem Standbild hier anbringen ließ, ersetzte man nach der Schlacht am Weißen Berg durch ein Marienbildnis. In der Teynkirche ist das Grabmal des dänischen Astronomen Tycho Brahe.

147. *Prag/Praha, Altstädter Rathaus/Staroměstské Radnice*
Der Turm des Altstädter Rathauses ist berühmt für seine astronomische Uhr aus dem Jahr 1490 bei der zu bestimmten Stunden die zwölf Apostel erscheinen und der Hahn kräht. Der kleine gotische Chor im unteren Teil des Turmes stammt bereits aus dem Jahre 1381. Im 19. Jahrhundert wurde das Rathaus restauriert und verändert. Der Anbau von Bergmann nach Plänen von Sprenger wurde in den Jahren 1846/47 errichtet.

148. *Prag/Praga, St.-Niklas-Kirche/Chrám Sv. Mikuláše*
Die St.-Niklas-Kirche an der Prager Kleinseite ist eine im Inneren mit Gold und Marmor reich geschmückte ehemalige Jesuitenkirche mit stattlicher Kuppel. Sie wurde nach Plänen von Kilian Ignaz Dientzenhofer 1673–1752 errichtet. Seit 1920 dient sie der Tschechoslowakischen Nationalkirche als Hauptkirche.

149. *Prag/Praha, Karlsbrücke/Most Karluw*
Die berühmte 497 m lange und 10 m breite, sechzehnbogige Brücke über die Moldau stammt bereits aus dem 14. Jahrhundert und verbindet die Altstadt mit der Kleinseite von Prag. Die gotischen Brückentürme an den Enden der Brücke und die dreißig Heiligenfiguren geben der Brücke ihr besonderes Gepräge. Die Ansicht zeigt die Prager Kleinseite mit St.-Niklas-Kirche, Hradschin und Veitsdom.

150. *Prag/Praha, Karlsbrückenturm/Staroměstska Mostecká Věž*
Beim bekannten Brückenturm auf der Altstädter Seite der Karlsbrücke liegt der Kreuzherrnplatz mit dem Kreuzherrnstift und dem fast 10 m hohen Denkmal Karls IV., das 1848 zum 500jährigen Jubiläum der Prager Universität errichtet worden ist.

151. *Prag/Praha, Hradschin/Hradčany*
Prager Burg auf dem Hradschin mit dem Residenzbau Maria Theresias (1756–1774).

152. *Prag/Praha, Radetzky-Denkmal*
Auf dem Kleinseiter Ring bei der von Dientzenhofer erbauten St.-Niklas-Kirche stand das 10 m hohe Denkmal des Feldmarschalls Radetzky. Das 1858 errichtete Monument ist ein Erzguß nach einem Modell von Emanuel und Josef Max. 1918 wurde Radetzky vom Denkmal entfernt.

153. *Prebischtor an der Elbe bei Herrnkretschen/Hřensko*
Die schönsten Landschaften des Elbsandsteingebirges, zwischen Lausitz und Erzgebirge, werden Sächsische und Böhmische Schweiz genannt. Das Prebischtor ist einer der riesigen Quadersteine, die als merkwürdige Felswand oder als Felstürme oft 100 m und höher der Landschaft ihr bizarres Gepräge geben.

154. *Tetschen an der Elbe/Děčín*
In der malerischen Umgebung der Böhmischen Schweiz, unweit des 721 m hohen Schneebergs, der höchsten Erhebung des Elbsandsteingebirges, liegt das Städtchen Tetschen an der Mündung der Polzen in die Elbe. Eine besondere Sehenwürdigkeit ist das stattliche, auf einem 47 m hohen Felsen liegende und von schönen Gärten umgebene Schloß des Grafen Thun.

XI. Die Markgrafschaft Mähren

155. *Brünn/Brno*
Brünn war die Landeshauptstadt von Mähren, aber auch ein bedeutender Industrie- und Gewerbeort im 19. Jahrhundert (Tuch, Leder). In der winkeligen Altstadt, am Fuße des berühmten Spielbergs, liegt die St.-Thomas-Kirche der Dominikaner und das alte Landhaus aus dem frühen 18. Jahrhundert. 1876–81 wurde ein neues und größeres Haus für den mährischen Landtag erbaut, während in das alte Gebäude vor allem die Gomperz'sche Gemälde-Sammlung einzog.

156. *Brünn/Brno*
Nahe dem Dominikanerplatz liegt in der engen Rathausgasse das 1511 erbaute Rathaus der Stadt Brünn. Die Ansicht zeigt noch den alten Zustand. Es wurde Ende des 19. Jahrhunderts stark verändert, nur das spätgotische Portal von Meister Pilgram (?) ist übriggeblieben. Im hinteren Durchgang des Rathauses hing der sogenannte Lindwurm, eine Krokodilhaut, zum Ergötzen der Passanten.

157. *Olmütz/Olomouc*
Olmütz war die zweite Hauptstadt von Mähren und Sitz des Fürsterzbischofs. Die alte St.-Mauritius-Kirche stammt aus dem Jahre 1412.

158. *Olmütz/Olomouc*
Am Oberring, den eine 36 m hohe Dreifaltigkeitssäule aus dem Jahre 1742 und ein Brunnen zieren, steht das Rathaus aus dem 15. Jahrhundert. Es wurde ursprünglich als Kaufhaus errichtet und war bekannt wegen seiner astronomischen Uhr aus dem Jahre 1420.

XII. Das Königreich Ungarn

159. *Árva/Orava (Tschechoslowakei)*
In einem der schönsten Teile der Slowakei bei Rosenberg/Ružomberok liegt das stattliche und guterhaltene Schloß Árva.

160. *Beckow/Beckó/Beckov (Tschechoslowakei)*
Zwischen Trentschin/Trencsén/Trenčin und Neustadt (Waagneustadt)/Vágújhely/Nové mesto liegen die ansehnlichen Ruinen des Schlosses in einem der malerischsten Teile des slowakischen Waagtales, auf einem Felsen oberhalb des gleichnamigen Ortes.

161. *Budapest*
Blick von der Zitadelle (Fellegvár) auf dem Blocksberg (Gellérthegy) auf Alt-Ofen (Buda) mit der königlichen Burg (Királyi palota) und Pest jenseits der Donau.

162. *Budapest, Alt-Ofen (Buda) und Zitadelle*
Blick aus der königlichen Burg (Királyi palota) zur Zitadelle (Fellegvár) und zum Blocksberg (Gellérthegy).

163. *Budapest, Margaretheninsel (Margitsziget)*
Die Margaretheninsel in der Donau, im Norden von Budapest, war Eigentum des Erzherzogs Josef, der sie mit großem Aufwand in einen sehr beliebten Park verwandeln ließ. Mittelpunkt des Parks waren die warmen Schwefelquellen des eleganten, von Ybl erbauten Margarethenbades. Eine Pferdebahn, eine alte Ruine, ein Wasserfall, Cafés und Restaurants sorgten für Zerstreuung.

164. *Budapest, Pester Redoute*
Das Pester Konzert- und Ballhaus, von Mihály Pollack aus dem Jahre 1827, eine frühe Schöpfung ungarischer romantischer Baukunst, wurde in der Revolution 1849 stark zerstört. 1859–64 ist die Redoute nach Plänen von Frigyes Feszel unter Verwendung alter Bauteile neu errichtet worden. Das prächtige Innere ist im 2. Weltkrieg ausgebrannt.

165. *Budapest, Franz-Josefs-Kai und Kettenbrücke*
Blick von Ofen (Buda) auf Pest mit der Kettenbrücke im Vordergrund. Die Kettenbrücke war die erste ständige Brücke, die Pest und Ofen verband. Sie wurde 1839–49 nach den Plänen William Tierney Clarks von Adam Clark erbaut. 1913–15 wurde die Stahlkonstruktion erneuert und die beiden steinernen Löwen von János Marschalkó an die Enden der Brücke gesetzt.

166. *Detunata bei Abrudbánya/Groß-Schlatten (Siebenbürgen, Rumänien)*
Die Detunata goala, auch Donnersberg genannt, ist ein 110 m hoher, bizarrer Basaltfelsen im Siebenbürgischen Erzgebirge.

167. *Eisenmarkt/Vajdahunyad/Hunedoara (Rumänien)*
Oberhalb der kleinen siebenbürgischen Stadt liegt die Burg des Türkensiegers Johann Hunyady (1387–1456). Die Burg wurde unter Matthias Corvinus (1486) und Bethlen Gabór (1619–24) noch erweitert. Unweit des Schlosses lag ein Eisenwerk.

168. *Eisenstadt (Burgenland)*
Eisenstadt, ungarisch Kismarton, gehörte in der Monarchie mit dem übrigen Burgenland zum Königreich Ungarn. Schloß Esterházy wurde nach Plänen von Carlo Martino Carlone, 1663–72, erbaut.

169. *Erlau/Eger (Ungarn)*
Alte erzbischöfliche Stadt mit großer Tradition in den Türkenkriegen. Der heutige Dom wurde nach Plänen von József Hild unter dem in deutscher Sprache dichtenden Erzbischof Ladislaus Pyrker 1831–39 erbaut, die Inneneinrichtung wurde bis 1846 fertiggestellt. Der Bildhauer Marco Casagrande wirkte hier von 1838–46, das Hochaltarbild ist vom Wiener Maler Josef Danhauser.

170. *Forchtenau und Forchtenstein (Burgenland)*
Die mächtige Burg ist um 1300 entstanden und wird um 1622 Eigentum der Familie Esterházy. Der Ausbau der heutigen Anlagen fällt in die Jahre 1635–37, die großen Basteien stammen aus dem Jahre 1652. Die Burg mit ihren großen Sammlungen ist auch heute noch im Besitz der Familie Esterházy. Zu Füßen der Burg liegt der kleine Ort Forchtenau.

171. *Fót (Ungarn)*
Pfarrkirche St. Stephan, nach Entwürfen von Miklós Ybl, 1845–55, im Stil der Neurenaissance mit arabisch-maurischen Elementen erbaut.

172. *Freistadt/Galgóc/Hlohovec (Tschechoslowakei)*
In der fruchtbaren Niederung des unteren Waagtales bei Freistadt liegt die große Festung Leopoldstadt/Lipótvár./Mestečko. Sie wurde 1665 zum Schutz gegen die Türken erbaut. Im Vordergrund sind Schloß und Garten des Grafen Erdödy zu sehen.

173. *Fünfkirchen/Pécs (Ungarn)*
Die Stadt wird vom Dom mit seinen vier markanten Türmen (11. und 12. Jahrhundert, starke Veränderungen im 19. Jahrhundert) beherrscht. In Fünfkirchen/Pécs blieben aber auch eine Reihe von Moscheen aus türkischer Zeit erhalten. Die zwei bedeutendsten sind in Kirchen ungewandelt worden. Aus der Dschami, der Hauptmoschee, wurde die innerstädtische Pfarrkirche deren barocke Veränderungen 1958 wieder rückgängig gemacht worden sind. Aus einer anderen Moschee mit einem 27 m hohen Minarett wurde die Krankenhauskapelle. Fünfkirchen besaß im 19. Jahrhundert auch eine schöne Synagoge und eine bedeutende Majolikafabrik.

174. *Funfkirchen/Pécs, Dom*
Der im 11. und 12. Jahrhundert erbaute Dom zu St. Peter erhielt 1807–1830 eine romantisch-klassizistische Blendfassade von Mihály Pollack. 1882–91 wurde der Dom neuerlich stark verändert und erhielt eine neuromanische Fassade und Turmhelme durch den Wiener Baumeister Friedrich Schmidt.

175. *Gödöllö (Ungarn)*
Das Schloß wurde 1744–1750 nach Plänen von Andreas Mayerhoffer im Auftrag des

Grafen Antal Grassalkovich errichtet und 1867, nachdem es in staatlichen Besitz überging, von Miklós Ybl im neubarocken Stil umgebaut. Es diente als Sommerresidenz der königlichen Familie und war ein beliebter Aufenthaltsort von Kaiserin Elisabeth. Heute dient das Schloß als Sozialheim.

176. *Gran/Esztergom (Ungarn)*
Residenz des Fürstprimas von Ungarn. Schon aus weiter Ferne ist die auf dem Schloßberg, 66 m über der Donau, liegende Domkirche zu sehen. Der klassizistische Dom wurde nach den Plänen der Eisenstädter Baumeister Paul Kühnel und Johann Baptist Packh 1822 begonnen und auf Grund der von József Hild geänderten Entwürfe 1869 vollendet. Die gewaltige, 79 m hohe und 26 m breite Kuppel wurde 1874–75 errichtet. Unterhalb des Schloßberges liegt die Wasserstadt mit der ehemaligen Jesuitenkirche.

177. *Großschlagendorf/Nagyszalók/Veľký Slavkov (Tschechoslowakei)*
Das kleine, einstmals deutschsprachige Dorf liegt nahe von Poprád in einer der schönsten Landschaften des Zipser Komitats. Der Ort wird von der prächtigen Silhouette der Hohen Tatra mit der 2453 m hohen Schlagendorfer Spitze beherrscht.

178. *Großwardein/Nagyvárad/Oradea (Rumänien)*
Die traditionsreiche Stadt, eine der ältesten des Königreiches Ungarn, ist Sitz eines römisch-katholischen und eines griechisch-katholischen Bischofs. Auf den Bergen der Umgebung wächst ein guter Wein.

179. *Herkulesbad/Baile Herculane bei Mehadia/Meadia (Rumänien)*
Das schon den Römern bekannte Bad (Thermae Herculis) im engen romantischen Tal der Cserna, war auch in der Monarchie ein sehr beliebtes Thermalbad.

180. *Hermannstadt/Nagyszeben/Sibiu (Siebenbürgen/Rumänien)*
Die bedeutende Stadt hatte in der Monarchie bereits mehr als 20.000 meist sächsische Einwohner und war Hauptstadt Siebenbürgens. Mittelpunkt ist die evangelische Bischofskirche aus dem 14.–16. Jahrhundert.

181. *Karlsburg/Gyulafehérvár/Alba Iulia (Rumänien)*
Karlsburg war im 16. und 17. Jahrhundert Sitz der Fürsten von Siebenbürgen. In der von Kaiser Karl VI. 1716–1735 erbauten und nach ihm benannten Festung liegt der im 13. Jahrhundert errichtete und unter Johann Hunyady 1443–44 erweiterte St.-Michaels-Dom. Innerhalb der Festung liegt auch das 1794 von Bischof Graf Batthyány gestiftete Batthyaneum mit Bibliothek, naturwissenschaftlichen Sammlungen und Sternwarte. Am 1. Dezember 1918 wurde in Karlsburg durch eine Nationalversammlung transsilvanischer Rumänen der Anschluß an Rumänien proklamiert, zugleich aber auch den nationalen Minderheiten Autonomie garantiert (Karlsburger Beschlüsse).

182. *Kaschau/Kassa/Košice (Tschechoslowakei)*
Die Domkirche in Kaschau aus dem 14. und 15. Jahrhundert galt als die schönste gotische Kirche des alten Ungarn (heute in der östlichen Slowakei).

183. *Kesmark oder Käsmark/Késmárk/Kežmarok (Tschechoslowakei)*
Die schön gelegene, kleine, in der Monarchie vorwiegend deutschsprachige Stadt im Zipser Komitat war seit dem Jahre 1380 königliche Freistadt. In der 1486 erbauten gotischen Pfarrkirche zum hl. Kreuz gibt es berühmte Altarschnitzereien. Beachtenswert

ist auch das Tököly'sche Schloß, das im 19. Jahrhundert langsam zur Ruine wurde. Über der Stadt erhebt sich die östliche Hohe Tatra mit der 1648 m hohen Lomnitzer Spitze.

184. Klausenburg/Koloszvár/Cluj (Siebenbürgen/Rumänien)
Die Ansicht zeigt die Altstadt (Óvár) mit der 1396–1432 erbauten katholischen Michaelskathedrale und der reformierten Kirche. Seit 1872 besitzt Klausenburg auch eine Universität.

185. *Kohlbach/Hidegpatak/Studenec (Tschechoslowakei)*
Die Wasserfälle des Kohlbachtales liegen in der schönsten Wald- und Felsszenerie der Hohen Tatra unterhalb der Schlagendorfer und der Lomnitzer Spitze. In der Nähe der Wasserfälle ist das kleine Wildbad Kohlbach.

186. *Komorn/Komárno (Tschechoslowakei)*
Alte Stadt mit 20.000 meist ungarischen Einwohnern um 1870. An der Mündung der Waag in die Donau ist die bekannte Festung, die noch in der Revolution 1848/49 eine wichtige Rolle spielte.

187. *Kronstadt/Brassó/Brașov (Siebenbürgen/Rumänien)*
Die vom Deutschen Ritterorden gegründete Stadt mit sächsischen, ungarischen und rumänischen Einwohnern war in der Monarchie die bedeutendste Handels- und Industriestadt Siebenbürgens. Die Stadt liegt anmutig in einem bergumschlossenen Tal, das sich gegen die Burzenebene etwas öffnet.

188. *Michelsberg/Kisdisznód/Cisnadiora (Siebenbürgen/Rumänien)*
Sächsisches Bergdorf bei Hermannstadt in den Transsylvanischen Alpen, das in der Monarchie gerne als Sommerfrische besucht wurde. Auf der Spitze eines Bergkegels liegen eine romanische Kirche und die Reste einer Burg.

189. *Miskolc (Ungarn)*
Miskolc im heutigen Nordostungarn, am Ostrand des Bükkgebirges, war um 1870 eine kleine idyllische Handelsstadt mit 30.000 Einwohnern. Als Industriestadt und durch seine verkehrsgünstige Lage wuchs Miskolc besonders rasch und ist heute mit fast 200.000 Einwohnern die zweitgrößte Stadt Ungarns. Der Blick vom Avasberg (Avashegy) zeigt die Stadt noch ohne die großen Veränderungen am Ende des 19. und im 20. Jahrhundert. Im Vordergrund ist die im 13.–15. Jahrhundert erbaute kalvinistische Kirche mit ihrem eigentümlichen quadratischen Turm zu sehen. Nahe der Stadt liegt die inzwischen eingemeindete Burg Diósgyőr. Auch die schwefelhaltige Thermalquelle Tapolca gehört heute als Vorort zu Miskolc.

190. *Mühlbach/Szászsebes/Sebes (Siebenbürgen)*
Die königlich ungarische Freistadt hatte sächsische und rumänische Einwohner. Eines der schönsten Baudenkmäler Siebenbürgens ist die alte evangelische Pfarrkirche.

191. *Ödenburg/Sopron (Ungarn)*
Im Nordosten der Stadt auf einer kleinen Anhöhe liegt die Pfarrkirche St. Michael aus dem 13.–15. Jahrhundert mit der St.-Jakobs-Kapelle, einem romanischen Karner. 1859–66 wurde die Kirche im neugotischem Stil von Ferenc Storno restauriert.

192. *Pannonhalma (Ungarn)*
Die berühmte, bereits im 10. Jahrhundert von Géza, dem Vater des hl. Stefans, gegründete

Benediktinerabtei Pannonhalma, deutsch auch unter dem Namen St.-Martins-Berg bekannt, liegt südöstlich von Raab/Györ auf einem Vorberg des Bakonyer Waldes. 1824–1832 wurden große Teile des Klosters im klassizistischen Stil neu errichtet. Besonders berühmt ist die imposante Bibliothek mit 250.000 Bänden, die als größte Klosterbibliothek des Benediktinerordens gilt.

193. *Preßburg/Pozsony/Bratislava (Tschechoslowakei)*
Preßburg mit damals rund 52.000 deutschen, ungarischen, slowakischen und jüdischen Einwohnern war die alte Haupt- und Krönungsstadt der ungarischen Könige. Im gotischen St.-Martins-Dom wurden die ungarischen Könige von 1563–1830 gekrönt. Die Spitze des Turmes ist noch heute mit einer vergoldeten ungarischen Königskrone geschmückt. Im nahen, 1783 erbauten Landhaus fanden von 1802–1848 die Reichstagssitzungen statt. Über der Stadt liegt die bis ins Mittelalter zurückreichende mächtige Königsburg (Hrad). 1761 wurde sie zur ungarischen Residenz Maria Theresias ausgebaut, 1811 ausgebrannt, war sie im 19. und 20. Jahrhundert Ruine. Erst 1953 wurde sie wieder hergestellt. Preßburg ist heute mit 325.000 Einwohnern die drittgrößte Stadt der ČSSR und Hauptstadt der Slowakei.

194. *Preßburg/Pozsony/Bratislava, Königsburg/Hrad*
Weithin wird Preßburg von der mächtigen Burg mit ihren vier Ecktürmen beherrscht. Unterhalb der Burg zur Donau hin liegt die Theresienstadt.

195. *Raab/Györ (Ungarn)*
Bedeutende Handelsstadt an der Mündung der Raab/Rába und der Rábcza in die Kleine Donau. Der bis ins 12. Jahrhundert zurückreichende Dom erhielt seine klassizistische Fassade und den markanten Turm nach Plänen von Josef Tallherr 1803–23. An der Ausschmückung des Inneren wirkte unter anderem Franz Anton Maulpertsch.

196. *Rosenau/Barczarozsnyó/Rîşnov (Siebenbürgen/Rumänien)*
Burgruine in der wilden Berglandschaft der Transsylvanischen Alpen bei Kronstadt/Brásso/Braşov.

197. *Rotenturmpaß/Verestoronyszoros/Turnu Roşu (Siebenbürgen/Rumänien).*
Auf dem Rotenturmpaß verlief in der Monarchie die Grenze zwischen dem Königreich Ungarn (Siebenbürgen) und Rumänien (Walachei). Das von der Alt/Olt/Oltul durchflossene Tal zwischen Czibiner und Fogarascher Gebirge (Transsylvanische Alpen) war einst einer der wichtigsten Handelswege in den Orient. Der Paß ist nach dem am Eingang des Tales bei Boicza befindlichen Roten Turm, dem Rest einer alten Befestigungsanlage, benannt.

198. *Schäßburg/Segesvár/Sighisoara (Siebenbürgen/Rumänien)*
In der Monarchie königlich ungarische Freistadt mit sächsischen, rumänischen und ungarischen Einwohnern. Malerische Lage am Eingang des Schaaser Tals. Die Ringmauern der alten Oberstadt, auch Berg genannt, sind noch erhalten. Auf dem höchsten Berg ist die gotische Bergkirche.

199. *Schemnitz/Selmecbány/Banská Štiavnica (Tschechoslowakei)*
Alte Bergwerkstadt in der Slowakei (in der Monarchie 15.000 Einwohner) mit berühmter Bergbauakademie und beachtlichen Sammlungen (Archiv, Mineralienkabinett). Der Silberbergbau von Schemnitz geht bis ins Mittelalter zurück und erlebte unter den Fuggern

zur Zeit Ferdinands I. eine hohe Blüte. Oberhalb der Stadt liegt ein barocker Kalvarienberg.

200. *Steinamanger/Szombathely (Ungarn)*
Die Stadt wird von dem 1791–1814 nach Plänen von Melchior Hefele erbauten Dom überragt. 1945 wurde der Dom durch Bomben schwer getroffen, dabei sind die Kuppelfresken und Altarbilder von Franz Anton Maulpertsch und Joseph Winterhalder vernichtet worden.

201. *Stretschno/Strečno/Sztrecsnó (Tschechoslowakei)*
Im engen Tal des Durchbruchs der Waag durch das Fatra-Gebirge liegt die romantische Burgruine Stretschno.

202. *Sümeg (Ungarn)*
Sümeg nordwestlich des Plattensees (Balaton) mit der mächtigen Burgruine Sümegvár. Die Burg wurde im 13. Jahrhundert errichtet und gegen die Türken im 16. Jahrhundert mächtig ausgebaut. 1713 steckten sie die kaiserlichen Truppen in Brand, seither ist sie Ruine.

203. *Szegedin/Szeged (Ungarn)*
Die Handels- und Industriestadt an der Theiß, Mittelpunkt des ungarischen Tieflandes, zählte auch in der Monarchie bereits 90.000 Einwohner. Über die Theiß führten zwei große Eisenbrücken. Nach den großen Überschwemmungen vom März 1879 wurde die Stadt mit breiten Radial- und Ringstraßen sowie einem schönen Quai neu ausgestattet.

204. *Theben/Devín/Dévény bei Preßburg/Pozsony/Bratislava (Tschechoslowakei)*
Malerischer Felsen an der Mündung der March in die Donau, an der heutigen Grenze der Tschechoslowakei und Österreichs. In der Monarchie war der Thebener Felsen die Eingangspforte ins Königreich Ungarn. Obwohl die Franzosen 1809 größere Teile der Burg gesprengt hatten, ist die Ruine noch immer beeindruckend.

205. *Tihany (Ungarn)*
Ehemalige Benediktinerabtei auf einer weit vorspringenden Halbinsel des Plattensees (Balaton).

206. *Törzburg/Törcsvár/Bran (Siebenbürgen/Rumänien)*
Stattliche Schloßanlage, deren Anfänge bis in die Zeit des Deutschen Ritterordens reichen, unterhalb des Terzburger Passes, der die Grenze der Monarchie zu Rumänien bildete.

207. *Tordaer Schlucht/Tordai hasadék (Siebenbürgen/Rumänien)*
Etwa 10 km entfernt von der Stadt Torda/Thorenburg in Siebenbürgen, bekannt durch mehrere hier abgehaltene Landtage, liegt die vom Peterder Bach durchflossene Tordaer Schlucht. Es ist eine 8–20 m breite und 1 km lange Gebirgsspalte mit schroffen Seitenwänden.

208. *Trentschin/Trenčín/Trencsén (Tschechoslowakei)*
Trentschin, am linken Ufer der Waag (Vág, Váh), Hauptstadt des gleichnamigen oberungarischen Komitats, heute in der westlichen Slowakei, wird von einer ansehnlichen Schloßruine überragt. In dieser Schloßruine ist der sagenumwobene „Brunnen der Liebenden", ein 180 m tiefer, von türkischen Gefangenen in den Felsen gehauener Brunnen.

Nahe der Stadt liegen die in der Monarchie sehr beliebten warmen Schwefelquellen von Trentschin-Teplitz/Tréncsenteplic/Trenčianské Teplice.

209. *Világos/Şiria (Rumänien)*
Der nordöstlich von Arad gelegene Ort ist unter seinem ungarischen Namen bekannter als unter der heutigen rumänischen Bezeichnung. Bei Világos kapitulierte am 13. August 1849 das ungarische Revolutionsheer unter Artur Görgey vor den Russen, womit die ungarische Revolution beendet war.

210. *Waitzen/Vac (Ungarn)*
Die Stadt am Donauknie nördlich von Budapest mit etwa 15.000 Einwohnern zu Ende des 19. Jahrhunderts war bekannt für seine zahlreichen Kirchen (Dom, Piaristenkirche, Franziskanerkirche, Barmherzige Brüder, protestantische Kirche) und ist Sitz eines Bischofs. Der spätbarock-klassizistische Dom mit seiner großen Kuppel und den zwei abgeflachten Türmen wurde unter den Bischöfen Károly Esterházy und Christoph Migazzi nach Plänen von Franz Anton Pilgram und Isidore Canevale 1761–1777 erbaut. Im Inneren sind Fresken von Franz Anton Maulpertsch und Johann Martin Schmidt (Kremser-Schmidt) bemerkenswert.

Gestochenes Titelblatt mit Vignette:
Wien, Innerer Burghof
Das Kaiser-Franz-Denkmal wurde von Pompeo Marchesi entworfen und in der Bronzegießerei Manfredini in Mailand gegossen. Gezogen von 8 Paar Zugochsen und 9 Paar Pferden gelangte es in 33 Tagen von Mailand nach Wien und wurde am 16. Juni 1846 enthüllt.

DIE KAISERSTADT AM DONAUSTRAND

DER ST. STEFANSDOM IN WIEN.

DAS INNERE DES ST STEPHANSDOMES
IN WIEN

DER HOHE MARKT IN WIEN.

DER HOF IN WIEN.

DIE KAISERL. HOFBURG IN WIEN.

DER HOHE MARKT IN WIEN.

DER HOF IN WIEN.

DIE KAISERL. HOFBURG IN WIEN.

DAS PRINZ EUGENMONUMENT IN WIEN.

DAS ERZHERZOG CARL MONUMENT.

IN WIEN.

DAS KAISER JOSEPH MONUMENT.
IN WIEN.

DENKMAL DER ERZHERZOGIN MARIE CHRISTINE
IN DER AUGUSTINERKIRCHE IN WIEN.

DIE RINGSTRASSE IN WIEN

DAS NEUE OPERNHAUS IN WIEN.

DIE RINGSTRASSE IN WIEN.

DIE ELISABETHBRÜCKE IN WIEN.

DAS KÜNSTLERHAUS IN WIEN.

DAS CURHAUS IM STADTPARK IN WIEN.

DAS SCHUBERT DENKMAL IM STADTPARK.
(IN WIEN)

DAS NEUE STADTTHEATER IN WIEN.

PANORAMA VON WIEN.

DAS GEBÄUDE DER DONAU-DAMPFSCHIFFAHRTSGESELLSCHAFT IN WIEN.

DIE ASPERNBRUCKE IN WIEN.

DER FRANZ JOSEFSQUAI IN WIEN.

DIE KOMISCHE OPER IN WIEN.

DIE VOTIVKIRCHE IN WIEN.

DAS NEUE RATHHAUS IN WIEN.

DAS KAISERL. BELVEDERE IN WIEN.

DAS KAISERLICHE LUSTSCHLOSS SCHÖNBRUNN.
(OESTERREICH UNTER DER ENNS.)

DAS NEPTUNBASSIN IM KAISERLICHEN SCHLOSSGARTEN ZU SCHÖNBRUNN BEI WIEN.

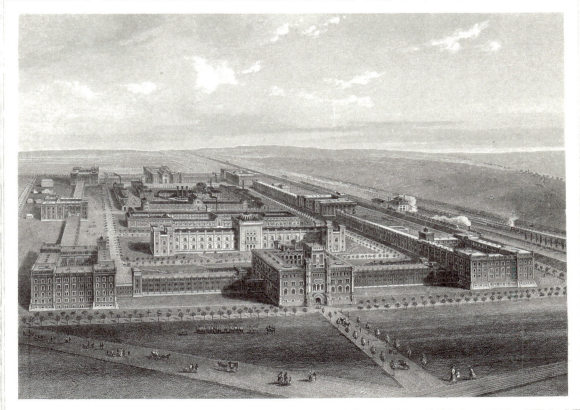

DAS KAISERLICHE ARSENAL IN WIEN.
(AUS DER VOGELPERSPEKTIVE)

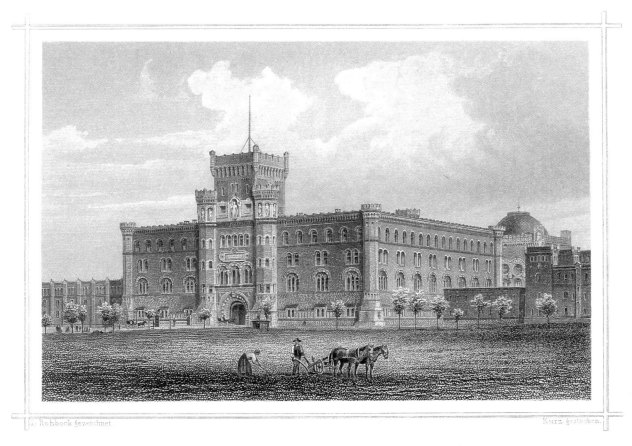

DAS KAISERLICHE ARSENAL IN WIEN.

DIE LAZARISTEN-KIRCHE IN WIEN.

DIE ALT LERCHENFELDER KIRCHE IN WIEN.

DER NORDBAHNHOF IN WIEN.

DAS WELTAUSSTELLUNGSGEBÄUDE IN WIEN.
AUS DER VOGELPERSPEKTIVE

DIE ROTUNDE DES WELTAUSSTELLUNGS-GEBÄUDES.

DIE ROMANISCHE KAPELLE IN TULLN.
(OESTERREICH UNTER DER ENNS)

DÜRRENSTEIN VON DER DONAUSEITE.

HAINBURG AN DER DONAU.
(OESTERREICH UNTER DER ENNS.)

DAS WIENER THOR IN HAINBURG AN DER DONAU.
(OESTERREICH UNTER DER ENNS.)

DAS SCHLOSS ZU HAINBURG.

DIE BRÜHL BEI WIEN.

KREMS AN DER DONAU.
(NIEDER-OESTERREICH)

KREMS AN DER DONAU
VON DER MORGENSEITE

DER LASSINGFALL IN STEYERMARK.

LAXENBURG BEI WIEN.

KLOSTER MOELK AN DER DONAU

DIE PFARRKIRCHE IN PERCHTHOLDSDORF.
(OESTREICH UNTER DER ENNS.)

PETRONELL AN DER DONAU.
(NIEDEROESTERREICH)

DAS THAL VON REICHENAU.
NIEDER-OESTERREICH.

KAISERLICH OESTERREICHISCHES LUSTSCHLOSS SCHLOSSHOF.
(OESTERREICH UNTER DER ENNS)

SCHLOSS UND KLOSTER SCHÖNBÜCHEL
an der Donau

MARKT SCHOTTWIEN MIT DEM GÖSTRITZ.
(OESTERREICH UNTER DER ENNS)

DIE WEINZETTELWAND AUF DER SEMMERINGBAHN.
(STEIERMARK.)

ISCHL VON DER KAISERVILLA AUS.
(OESTERREICH OB DER ENNS)

ISCHL VON CALVARIENBERG.
(OBER-OESTERREICH.)

GMUNDEN VOM CALVARIENBERG.
(OBEROESTERREICH)

GMUNDEN AM TRAUNSEE

HALLSTADT
(OBER-OESTERREICH)

ABTEY KREMMSMÜNSTER.

DER LANG BATH SEE.
(OBEROESTERREICH)

TOTALANSICHT VON LINZ.
(OBER-OESTERREICH)

DER MARKTPLATZ IN LINZ.
(OBER-OESTERREICH.)

DAS PRIELGEBIRGE BEI INNERSTODEN.
(OBEROESTERREICH)

ST WOLFGANG IN OBER-OESTERREICH.

TOTALANSICHT VON STEYR.
(OBEROESTERREICH.)

STADT STEYER
VON DER ABENDSEITE

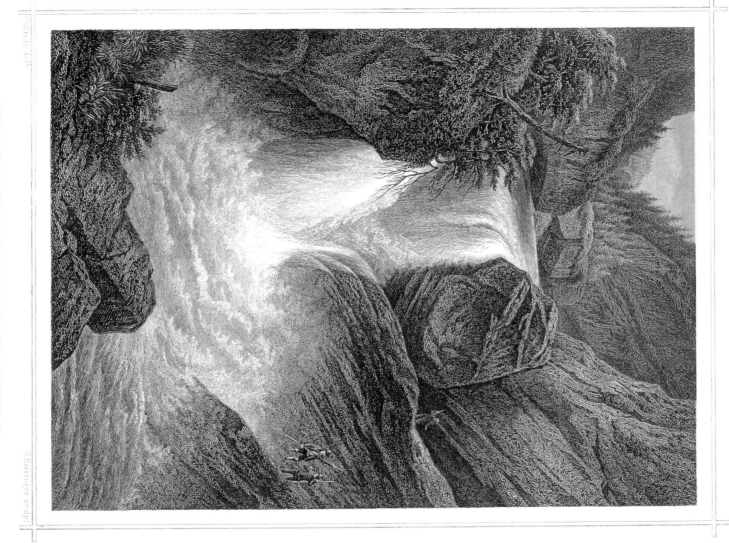

DER STROMBODINGFALL BEI INNERSTODEN.
(OBER-OESTERREICH)

TRAUNKIRCHEN MIT DEM SPITZELSTEIN
(OBER-OESTERREICH)

WILDBAD GASTEIN.
(HERZOGTH SALZBURG)

HOHGASTEIN

DER GÖLLINGER WASSERFALL.
(SALZBURG.)

DAS NASSFELD BEI GASTEIN.
(SALZBURG)

SALZBURG VOM KAPUZINERBERGE.

DAS MOZART STANDBILD.
IN SALZBURG.

ST. GILGEN MIT DEM SCHAFBERG.
(OBER-OESTERREICH)

DAS GOLDBERGWERK IN RAURIS.
(SALZBURG)

DER ACHENSEE IN TYROL.

DIE HAUPTKIRCHE IN BOTZEN

BRIXEN
(TYROL)

BRIXEN.
DER KAPUZINERSTEG (TYROL)

DAS KLOSTER NEUSTIFT BEI BRIXEN

DIE BRUNNENBURG UND DAS ETSCHTHAL

SCHLOSS CHURBURG MIT DEM ORTLES.
BEI MALS (TYROL)

DIE DREI ZINNEN IM AMPEZZANER THAL.
(TYROL)

BURG HOHENEPPAN
BEI BOZEN (TYROL)

DER FORNO GLETSCHER IM ORTLER GEBIET.
(SÜD-TIROL)

BURG FRIEDBERG
(IN TYROL)

ALPE GERN IN TYROL.

SCHLOSS KUEBACH BEI BOZEN.
(TYROL.)

TOTALANSICHT VON INNSBRUCK.
(TYROL)

SCHLOSS AMBRAS BEI INNSBRUCK.
(TYROL)

HOFER.

INNSBRUCK.

KALTERN

SCHLOSS KASTELLBELL IM VINTSCHGAU
IN TYROL

STADT KLAUSEN UND KLOSTER SEBEN
IM EISACKTHAL. (TYROL)

KÖNIGSSPITZE UND SULDNER-FERNER.
IM ORTLERGEBIET (TYROL)

LANDECK IM OBER INNTHAL

DIE MARMOLATA IN SÜDTYROL.

DIE MARTINSWAND BEI ZIRL.
(TYROL.)

MERAN IN TYROL.

DER MONTE CRISTALLO AN DER AMPEZZANER STRASSE.
(TYROL.)

DER PEITLER KOFEL IM VILLNÖSSTHAL.
(SÜD-TYROL.)

SCHLOSS PEUTELSTEIN MIT DEM MONTE TOFANO BEI AMPEZZA.
(SÜDTIROL)

ALPE PLUMS IN TYROL.
(UNTER-INNTHAL.)

RIVA AM GARDASEE.
(TYROL)

ROVEREDO.
(TYROL)

RUNGELSTEIN BEI BOZEN.
(TYROL)

ANDREAS HOFER'S WOHNHAUS
IM PASSEYER THAL IN TYROL.

St LORENZEN IN TYROL

SCHLOSS U. DORF SCHÖNNA BEI MERAN
(TYROL)

DER DOLOMITSCHLERN VON UNTERINN AUS.
(SÜD-TYROL)

RUINE SCHROFFENSTEIN BEI LANDECK
(TYROL OBERINNTHAL)

DIE PFARRKIRCHE IN SCHWATZ

SCHLOSS SIGMUNDSKRON BEI BOZEN.
(TYROL)

HALL AM INN

SONNENBERG BEI S.T LORENZEN

DER STUBENFALL IM ÖTZTHAL.
(TIROL.)

SCHLOSS TYROL BEI MERAN.
(TYROL.)

TRATZBERG
IN TYROL

WOLKENSTEIN UND KOLMANN
IN TYROL

TRIENT
INNERE ANSICHT

DIE ZENOBURG BEI MERAN IN TYROL

DER MONTAGIE VOM LUSCHARI AUS.

(KÄRNTHEN)

DER GROSSE ELENDGLETSCHER IM MALTATHAL.
(IN KÄRNTHEN)

FRIESACH IN KÄRNTHEN.

DER GROSSGLOCKNER VON DER PASTERZE.
(SALZBURG - KÄRNTHEN)

HEILIGENBLUT MIT DEM GROSS-GLOCKNER.
(KÄRNTHEN)

KLAGENFURT IN KÄRNTHEN.

NEU ST. LEONHARD AM LOIBL.

(KÄRNTEN)

DIE MANGARTGRUPPE VOM LUSCHARI.
(KRAIN)

RAIBL UND DER FUNFSPITZ.
(KÄRNTHEN)

DER RAIBLER SEE IN KÄRNTHEN.

DER ZECHNERFALL IN KÄRNTEN.

TOTALANSICHT VON GRATZ.
(STEIERMARK)

GRATZ VOM NICOLAIPLATZ.
(STEYERMARK)

DIE GNADENKIRCHE ZU MARIA-ZELL.

MÜRZSTEG IN STEYERMARK.

VELDES MIT DEM SEE.

TOTALANSICHT VON TRIEST.

TRIEST. HAFENANSICHT.

DER BÖRSENPLATZ IN TRIEST.

SCHLOSS MIRAMARE BEI TRIEST.

DER HRADSCHIN UND DIE KLEINSEITE IN PRAG.

DIE THEINKIRCHE IN PRAG.

DAS RATHHAUS IN PRAG.

DIE ST NICOLAUSKIRCHE IN PRAG.

DIE BRÜCKENTHÜRME DER KLEINSEITE IN PRAG

DER ALTSTÄDTER BRÜCKENPLATZ MIT DEM MONUMENTE CARL IV IN PRAG.

DIE K. RESIDENZ IN PRAG

RADETZKY.

PRAG.

DAS PREBISCHTHOR,
IN DER BÖHMISCHEN SCHWEIZ

DAS SCHLOSS ZU TETSCHEN.
IN DER BÖHMISCHEN SCHWEIZ.

DIE S.T THOMASKIRCHE UND DAS LANDHAUS IN BRÜNN

DAS RATHHAUS IN BRÜNN

DIE ST. MAURITIUSKIRCHE IN OLMÜTZ

DER RING MIT DEM RATHHAUSE IN OLMÜTZ

ÁRVA. SCHLOSS ARVA.

BECZKO A KELETI OLDALRÓL.   BETZKO, OSTSEITE.

TOTALANSICHT VON PEST-OFEN.

BLICK DURCH DAS BURGTHOR IN BUDA-PEST.

A MARGITSZIGET BUDAPESTEN.
DIE MARGARETHENINSEL IN BUDA-PEST.

BUDAPEST.

FŐVÁROSI VIGADÓ.   HAUPTSTÄDTISCHE REDOUTE.

BUDA-PEST.
(FRANZ JOSEFSQUAI UND KETTENBRÜCKE)

DETUNATA-GOLA

ERDÉLYBEN　　IN SIEBENBÜRGEN.

VAJDA-HUNYAD.

HESZTERHÁZY PALOTÁJA KIS-MARTONBAN.
PALAIS ESZTERHÁZY IN EISENSTADT.

EGER, DÉLRŐL.   ERLAU, MITTAGSSEITE.

FORCHTENAU UND SCHLOSS FORCHTENSTEIN.
BEI OEDENBURG. (UNGARN.)

A FÓTHI SZENTEGYHÁZ. DIE NEUE KIRCHE IN FOTH.

VÁGVÖLGYE LIPÓTVÁRA, GALGÓCZ-S GRÓF ERDŐDY VÁRÁVAL.
WAGTHAL MIT DER FESTUNG LEOPOLDSTADT, GALGOTZ & DEM SCHLOSS DES GRAFEN ERDÖDY.

PÉCS VÁROSA. FÜNFKIRCHEN.

A PÉCSI SZÉKESEGYHÁZ. DER DOM IN FÜNFKIRCHEN.
(UNGARN)

GÖDÖLLŐI KASTÉLY. CASTEL GÖDÖLLŐ.

ESZTERGOM. GRAN.

DIE TATRA MIT SCHLAGENDORF.
ZIPSER COMITAT (UNGARN)

NAGY VÁRAD. GROSSWARDEIN.

A MEHÁDIAI FÜRDŐ. BAD BEI MEHADIA.

EVANG. SZENTEGYHÁZ NAGY-SZEBENBEN.
EVANG. KIRCHE ZU HERMANNSTADT.

GYULAFEJÉRVÁR. FESTUNG KARLSBURG.

KASSAI FŐEGYHÁZ. DOM IN KASCHAU.

KÄSMARK UND DIE KARPATHEN.

ZIPSER COMITAT (UNGARN)

KOLOSVÁR. KLAUSENBURG.

DIE
KOHLBACHER WASSERFÄLLE IN DEN KARPARTHEN.
ZIPSER COMITAT. (UNGARN)

KOMÁROM A HOMOKHEGYRŐL. KOMORN VOM SANDBERGE.

BRASSÓ A DÉLNYUGATI OLDALRÓL.
KRONSTADT VON DER SÜDWESTLICHEN SEITE.

A KISDISZNÓDI TEMPLOM ERDÉLYBEN. MICHELSBERG IN SIEBENBÜRGEN.

MISKOLCZ.   MISKOLTZ.

SZÁSZVÁROS, FŐPIACZ ÉS TEMPLOM.   MÜHLBACH, MARKT UND KIRCHE.

SZ. MIHÁLY TEMPLOMA SOPRONYBAN.
DIE ST MICHAELSKIRCHE IN OEDENBURG.
(UNGARN)

A PANNONHALMI FŐAPÁTSÁG.
BENEDICTINER ABTEI ZU MARTINSBERG.

POZSONY NYUGATI OLDALA. PRESSBURG ABENDSEITE.

DAS KÖNIGSSCHLOSS IN PRESSBURG.
UNGARN.

GYŐR ÉJSZAKRÓL.   RAAB, NORDSEITE.

ROSNYÓI VÁR ERDÉLYBEN. BURG ROSENAU. (SIEBENBÜRGEN.)

DER ROTHE THURMPASS IN SIEBENBÜRGEN.

SEGESVÁR. STADT SCHÄSSBURG.

DIE BERGSTADT SCHEMNITZ.
(UNGARN)

SZOMBATHELY.   STEINAMANGER.

ASZTRECSNOI VÁR.   RUINE STRETSCHNO.

SÜMEG.   SCHÜMEG.

AM PLATTENSEE (UNGARN)

SZEGEDIN. SZEGED.

RUINE THEBEN.

DIE ABTEI TIHANY AM PLATTENSEE.
(UNGARN.)

TÖRCSVÁR A TÖRCSVÁRI SZOROSBAN.
SCHLOSS TÖRTZBURG IM TÖRTZBURGER PASS.

A TORDAI HASADÉK. DIE BERGSPALTE BEI THORDA.
(SIEBENBÜRGEN)

TRENCSÉNY.   TRENTSCHIN.

VILÁGOS.

VÁCZ A DUNA FELŐL.   WAIZEN (DONAUSEITE.)

DAS KAISERTHUM OESTERREICH

in malerischen Original Ansichten.

mit historisch-topographischem Text von

Dr. ANTON von RUTHNER.

Das Kaiser Franz Monument in Wien.

DARMSTADT 1872.

VERLAG von FERDINAND LANGE.